선생님은 해결사

학부모 편

10

선생님은 해결사

학부모 편

김숙희 · 장희화 · 박성희 공저

10
WONDERFUL
* TEACHERS!

INNER BOOKS 이너북스

머리말

*자축하는 말

드디어 해냈습니다! 5년 전 아이디어를 내고 1년 동안 자료를 수집하고 3년 동안 낑낑대다가 마지막 1년 동안 젖 먹던 힘까지 다 모아 마침내 이 시리즈를 완성하였습니다. 돌이켜보면 지난 5년 동안 정말 일이 많았습니다. 청주교육대학교 초등상담연구회(CESCA)에 소속된 100여 명의 초등교사 회원들, 그리고 집중적으로 집필에 참여한 20여 명의 집필진이 참 고생 많았습니다. 도중에 병으로 작업을 이어가지 못하는 회원이 생길 때에는 우리 모두 마음으로 숙연해지기도 했습니다. 남들은 그냥 책으로 볼지 모르지만 이 책은 CESCA 회원들의 피와 땀이 이룬 결실입니다. 책이 완간된 오늘 우리 모두는 마음껏 축배를 들어 마땅합니다.

*업적의 의미에 대한 말

그동안 상담계에서 많은 사례집이 발간되었습니다. 그러나 이 사례집은 여러 가지 점에서 다른 사례집과 구별됩니다. 즉, 우리나라 초등학교 아동을 대상으로 했다는 점, 현장교사들이 직접 경험한 사례를 손수 원고로 써 냈다는 점, 초등학교에서 발생하는 각종 문제를 백과사전처럼 두루두루 다루었다는 점, 철저하게 현장 중심이었다는 점, 교육과 상담을 아우르는 교육상담의 성격을 제대로 드러냈다는 점이 그렇습니다. 이런 점에서 이 사례집은 한국 상담학계와 교육학계는 물론이요 한국초등상담학계와 초등교육학계에 길이 남을 이정표가 될 것입니다. 상담학계와 교육학계가 빠져 있는 학문의 식민성이라는 질곡을 어떻게 극복할 수 있는지 분명하게 보여 준 것 역시 엄청난 쾌거임에 틀림없습니다.

*이해를 돕는 말

이 시리즈는 학교 현장 사례를 발굴하는 데서 시작되었습니다. 처음에는 초등교사들이 지금까지 교사 생활을 하면서 경험했던 온갖 '문제'와 '어려웠던 일'들을 아무런 제약 없이 수집했습니다. 수집된 자료들은 읽기를 반복하며 검토에 검토를 거쳐 10개의 대영역과 소영역으로 나누었습니다. 하지만 수집된 자료들의 편파성이 엿보였던 일부 영역에 대해서는 논리적 · 경험적 판단을 앞세워 새롭게 분류하는 작업을 거치기도 했습니다. 최종 소영역이 결정된 후 각 영역에 따라 집필자가 선정되었고 원고 쓰는 작업이 시작됐습니다. 처음 쓰인 원고는 교수와 교사들이 함께 참여한 회의에서 토론을 거치며 수정하는 작업을 반복하였습니다.

이 사례집은 초등학교 현장에서 아동을 지도하는 초등교사들에게 실제적인 도움을 주기 위한 것입니다. 특히 아직 학교에 익숙하지 않은 초임교사들에게 많은 도움이 될 것입니다. 우리는 사례집을 구성하는 전통적인 방식을 탈피하여 백과사전식 접근을 채택하였습니다. '적게 깊이'보다는 '많게 간략히'를 선택한 것입니다. 하지만 각 사례에 대처하는 방법을 일반적인 전략과 구체적인 전략으로 나누어 상세히 제시함으로써 실제 상황에 부딪혔을 때 활용할 수 있는 유용한 정보를 담았습니다. 그냥 독서삼아 읽다 보면 더러 중복된 부분을 발견할 수 있겠지만 이 사례집이 실제 상황에 대한 처방전 역할을 염두에 두고 제작되었다는 점을 기억해 주시기 바랍니다.

*아쉬워하는 말

우리는 원래 교육을 담당하는 국가기관에 별로 기대하지 않았습니다. 그런데 이번 일을 하면서 정말 교육정책을 담당하시는 분들의 이해와 지원이 많이 필요하다고 느꼈습니다. 재정지원을 해 달라는 이야기가 아닙니다. 제발 우리에게 연구할 수 있는 시간을 만들어 주세요. 제발 아이들과 만나는 시간을 늘려 주세요. 승진이니, 출장이니, 잡무 및 행정처리니 하는 일에 너무 많은 시간을 빼앗기지 않고 아이들 교육에 전념하고 더 나은 교육을 위해 연구할 시간을 만들어 주세요. 지금 같은 풍토에서 교사-연구자가 나오기란 하늘의 별따기보다 더 어렵습니다. 그러니 초등교육의 미래가 암담하게 느껴질 따름입니다. 정말 이런 상황이 나아지기를 우리 모두 두 손 모아 기도합니다.

*감사하는 말

사례집 집필에 실제 참여한 저자는 20여 명입니다. 하지만 CESCA 여러분의 도움과 지원이 없었다면 이 작업은 가능하지 않았을 것입니다. 특히 여러분이 해 주신 사례 발굴은 이 작업의 초석이 되었습니다. CESCA의 회장을 역임한 이석두, 김기종 선생님, 그리고 몸을 아끼지 않고 총무 역할을 단단히 해내신 이숙경, 장희화 선생님 고생 많았습니다. 이 일의 선두에 서서 우리를 독려하고 이끌어 주신 박성희 교수님께도 감사합니다. 이 사례집이 기획되는 단계부터 마음으로 함께하고 지원해 준 학지사 김진환 사장님과 최임배 상무님도 고맙습니다.

wonderful teachers – 선생님은 해결사 –

집필진 일동

〈학부모 편〉 머리말

해마다 3월이 되면 교사는 설레는 마음으로 새로운 사람들과 새 만남을 시작합니다. 그 중에서 교사를 기대 반 걱정 반으로 기다리게 하는 만남이 있습니다. 바로 학부모와의 만남입니다. 어떤 학부모를 만나느냐에 따라 교사가 누리는 한 해 동안의 삶의 질이 판가름 날 수 있기 때문입니다. 균형 잡힌 학부모를 만나면 한 해를 탈 없이 신바람 나게 넘길 수 있지만, 자식 사랑에 눈이 멀거나 자식을 나 몰라라 하는 학부모를 만나면 한 해가 무척 고달파집니다. 그래서 교직 경력이 많고 적음을 막론하고 교사들은 학부모와 관계 맺기를 매우 조심스러워 합니다. 학부모로부터 받는 스트레스로 인해 아예 학부모를 피하는 교사들이 있다는 것도 부인할 수 없는 사실입니다. 하지만 이래서는 아이 교육이 제대로 이루어질 수가 없습니다. 아이의 교육을 위해서 교사와 학부모는 긴밀한 협조체제를 유지할 필요가 있습니다. 다수의 아이를 끌어안아야 할 교사의 입장과 자기 아이를 특별하게 대해주기 원하는 부모의 입장이 다르기는 하지만 아이를 건강하고 바르게 이끌어 주려는 마음은 서로 다를 바가 없습니다. 아이들을 위하여, 그리고 즐거운 학교생활을 위하여 교사는 학부모와 손을 잡고 함께 좋은 교육을 만들어 가야 할 것입니다.

Wonderful Teachers-선생님은 해결사-시리즈의 마지막 권인 이 책에서는 부모와 교사의 관계를 집중적으로 조명하였습니다. 총 17개의 사례를 '교사에게 무례한 모습을 보이는 경우' '교사를 불신하는 경우' '과잉보호가 지나친 경우' '부적절한 모습을 보이는 경우'로 나누어 살펴보았습니다. 이러한 것들은 초등학교 현장에서 실제 일어난 대화 사례들이어서 선생님들에게는 크게 낯설지 않은 내용들입니다. 선생님들이 접했던 문제 사례들에 바람직하게 대처하는 방법을 찾아내기 위하여 고민에 고민을 거듭한 결과 나름대로 상담적 접근을 제시할 수 있었습니다. 실제 일어난 현장 사례를 중심으로 제시한 상담법이라 학교환경이나 지역 여건에 따라 적절하지 않은 경우도 있을 것입니다. 하지만 이 책이 아이들과 함께하는 현장 선생님들에게 조금이나마 도움이 되었으면 합니다.

집필진 일동

차례 contents

이의 자신감만 지켜주고 싶은 학부모●학교생활을 스스로 할 수 없게 하는 학부모●교사를 모략하는 두 얼굴의 학부모●학급 일을 학교
상의하는 학부모●자녀의 학습에 너무 무관심한 학부모●학교에 지나치게 자주 찾아오는 학부모●내가 한 만큼 돌려받고 싶은 학부모
반말하는 학부모●언행이 교사에게 호의적지 못한 학부모●자신들의 문제를 교사에게 전가하는 학부모●자기 입장만 이야기 하는 학부
믿지 못하는 추궁형 학부모●자기 아이를 과대평가하는 학부모●교사에게 촌지 주는 학부모●자기 아이만 미워한다고 항의하는 학부모
말만 믿는 학부모●교사에게 무리한 요구를 하는 학부모●아이의 자신감만 지켜주고 싶은 학부모●학교생활을 스스로 할 수 없게 하는
를 모략하는 두 얼굴의 학부모●학급 일을 학교 관리자에게 상의하는 학부모●자녀의 학습에 너무 무관심한 학부모●학교에 지나치게
는 학부모●내가 한 만큼 돌려받고 싶은 학부모● 교사에게 반말하는 학부모●언행이 교사에게 호의적지 못한 학부모●자신들의 문제를

1
교사에게 무례한 모습을 보이는 경우

교사에게 반말하는 학부모

언행이 교사에게 호의적지 못한 학부모

자신들의 문제를 교사에게 전가하는 학부모

자기 입장만 이야기하는 학부모

교사를 믿지 못하는 추궁형 학부모

자기 아이를 과대평가하는 학부모

교사에게 촌지 주는 학부모

자기 아이만 미워한다고 항의하는 학부모

아이의 말만 믿는 학부모

교사에게 무리한 요구를 하는 학부모

아이의 자신감만 지켜 주고 싶은 학부모

학교생활을 스스로 할 수 없게 하는 학부모

교사를 모략하는 두 얼굴의 학부모

학급 일을 학교 관리자에게 상의하는 학부모

자녀의 학습에 너무 무관심한 학부모

학교에 지나치게 자주 찾아오는 학부모

내가 한 만큼 돌려받고 싶은 학부모

교사에게 반말하는 학부모

no.1 3월 학부모 총회 끝나고 교실에서의 상담시간

no.2 한 학부모의 문자

소풍갔다 오는 길……
부웅
학부모님들께 도착할때가 됐다고 문자라도 보낼까.
2학년 5반 아이들 모두 소풍 잘 다녀왔습니다. 2시쯤 학교에 도착할 예정입니다.
샘~ 애들 데리구 다니느라 고생 많았어요. 푹 쉬삼.

no.3 교사들 간의 대화

선생님, 선생님께도 반말하는 학부모님이 있어요?
우리 반도 그런 학부모님이 있었어요. 그러면 정말 기분 별로지?
네. 꼭 무시당하는 것 같았어요. 그럼 선생님은 어떻게 하세요? 전 어떻게 해야 할지 몰라서요.
담에 또 그러면 선생님도 은근슬쩍 똑같이 말 놓아 봐요. 그럼 본인도 기분 나쁜 걸 알겠지.
정말 선생님은 그렇게 하셨어요?
에이, 말로만 그러는 거지. 어떻게 그래. 나도 그런 학부모 있을 때 그냥 참고 넘어 가는 편이에요. 자주 부딪히는 것도 아니고.

교육 경력이 짧은 교사에게 거리낌 없이 반말하는 경우

새 학년을 맡아 학부모들과 처음 만나게 되는 3월, 나이가 어리다고 반말을 하는 학부모를 만나게 되면 젊은 교사들은 고민이 많다. 학부모의 반말로 인해 자신의 전문성까지 무시당하는 것 같아 고민에 빠지게 된 경우다.

유진은 교육 경력 4년차의 젊은 교사다. 올해 2학년을 새로 맡게 되었는데 만나는 학부모가 모두 유진보다 나이가 많다. 3월 학부모 총회 후 학부모들과 처음 만나는 날, 유진은 그 자리가 껄끄럽기만 하다. 은연중에 반말을 하는 학부모가 많기 때문이다. 젊다는 이유로 반말을 하며 유진을 가르치려 드는 학부모까지 있어 문제가 되었다.

교사의 대처

담임교사는 학부모의 반말에 기분이 별로 좋지 않았으나 학부모와 만나는 날이 그리 많지도 않고 나이가 많은 학부모의 기분을 상하게 할 필요도 없을 것 같아 그냥 그대로 받아 주었다. 자신을 편하게 생각해서 그러는 건지, 무시해서 그러는 건지 알 수 없었지만 기분이 좋지 않은 것은 사실이었다.

교사의 대처 방법 분석

잘한 점

- 학부모의 기분이 상하지 않도록 배려하였다.
- 경력이 있는 교사에게 자문을 구해 해결책을 찾아보려고 하였다.
- 자신의 교육 방침을 설명하려고 시도하였다.

개선할 점

- 학부모와의 문제로 심하게 스트레스를 받는 경우 해결책을 찾아본다.
- 학부모가 교사의 전문성에 의심을 가지는 말이나 행동을 했을 경우 자신의 교육관을 소신 있게 이야기할 수 있어야 한다.

상담적 접근

일반적으로 할 수 있는 관심과 배려

학기 초에 안내문 보내기

- 1년간 교육 방향에 관한 안내문을 발송한다.
- 안내문 내용 중에 교사를 존중해 달라는 문구를 구체적으로 써서 넣는다.

학부모회의 때 전문성 보이기

• 존중받고 싶은 마음을 인사할 때 미리 전달한다.

> "교육 경력이 짧은 제가 아이들을 맡게 되어 걱정하시는 어머님들도 있을 것 같습니다. 하지만 충분히 4년간의 교육을 받고 여러 아이를 졸업시킨 교육 전문가입니다. 마음 놓고 제게 맡겨 주세요. 우리 아이들, 모두 사랑하고 아껴 주며 1년을 보낼 계획입니다. 어머님들께서도 저를 믿어 주시고 존중해 주신다면 제가 더 힘을 얻을 수 있을 것 같습니다."

• 미리 파워포인트를 준비한다거나 1년간 활동에 관한 계획서를 나누어 주고 설명하는 시간을 가지며 학부모 스스로 교사의 전문성을 느낄 수 있도록 한다.

구체적인 전략

학년 시작 첫 날, 안내문으로 마음 전달하기

○○○○년 ○학년 ○반 학부모님께

- 끝까지 읽어 주세요 -

☆ 소개합니다.

○○○○년이 시작된 지도 벌써 두 달이 훌쩍 지났습니다. 방학 동안 아이들 뒷바라지하시느라 고생하셨죠? 3월 2일부터는 제가 아이들이 바르게 생활할 수 있도록 안내하겠습니다. ^.^

안녕하세요? ○○○○학년도 ○학년 ○반 담임 ○○○입니다.

먼저 소중하고 사랑스러운 아이들을 맡겨 주신 것에 감사의 마음을 전하며 올 한해 아이들과 함께 지내게 될 담임으로서 지면으로나마 이렇게 인사를 드립니다.

저는 이렇게 생겼습니다. 교직 경력 ○년차입니다. 혹시나 학교에서 만나면 눈인사라도 부탁드려요. 아직 교직 경력은 짧지만 교대 4년을 공부하면서 충분히 교사로서의 전문성을 익힌 어엿한 교사입니다. 존중해 주시고, 믿어 주시고, 1년 동안 따뜻하게 지켜봐 주세요.

○○초등학교에 근무하는 ○년 동안 ○학년과 ○학년, ○학년 어린이들을 맡아서 가르쳤었습니다. 정말 오랜만에 ○학년 어린이들을 다시 만나 함께 생활할 것을 생각하니 벌써부터 설레고 기분이 좋네요. 이 사랑스런 아이들을 올해도 열심히 가르쳐 보려고 합니다.

1년간 학급을 운영함에 있어 나름대로 정한 몇 가지 원칙을 지켜 나가려 합니다.

첫째,

둘째,

셋째,

이러한 저의 교육적 관점을 바탕으로 하여 1년간 다양한 학급활동을 계획하고 있으니 학부모님들께서도 저의 교육 방침에 동의해 주시고 가정에서도 도와주시면 더욱 큰 힘이 되겠습니다.

☆ 챙겨 주세요.

학교에서의 교육만으로 아이를 변화시킬 수는 없습니다. 학부모님께서도 아이의 긍정적인 변화를 위해 노력해 주세요. 좋은 생활습관을 몸에 익히게 되면 자연적으로 공부하는 습관이 생기게 됩니다. 좋은 생활습관을 익히기 위해 집에서 당분간 신경을 써 주시길 바라며 몇 가지 부탁 말씀을 드리겠습니다.

첫째, 반드시 챙겨 보내 주세요.

①

②

둘째, 어려운 일이 있으시면 언제든지 저에게 먼저 연락 주세요.

아이들이 30여 명에 달하다 보니 저도 놓치는 부분이 있을 수 있습니다. 아이들에 관하여 제가 꼭 알고 있어야 할 내용이나 의논하실 일이 있으면 서슴없이 연락해 주시기 바랍니다.

학교 방문에 부담을 가지시는 학부모님들이 많이 계신 것으로 알고 있습니다. 1년 동안 학교에 한 번도 안 오셔도 되니 그 점에 있어서는 부담을 가지지 마시고 전화를 이용해 주세요. 저 역시 학부모님들께서 알아야 할 학급의 일들이나 상담 내용은 알림장이나 전화로 연락 드리겠습니다.

혹시 직접 오셔서 상담할 필요가 있으신 경우에도 편안한 마음으로 부담 없이 오시면 됩니다.

담임 ○○○ ☏

학교 ☏

1년이라는 시간이 결코 긴 시간이 아니라는 것을 압니다. 하지만 아이들과 저에게 있어서의 1년은 그 무엇과도 바꿀 수 없는 소중한 시간이라는 것을 기억하고 아이들과 학부모님께, 그리고 저 자신에게 부끄럽지 않은 교사가 되기 위해 노력하겠습니다. 부모님들도 아이들을 위해 좀 더 관심과 사랑을 보여 주시고, 아이들이 올바르게 자랄 수 있도록 집에서 대화의 시간을 많이 가지셔서 학교의 전반적인 일에 대해 알고 계셨으면 합니다. 끝으로 소중한 인연에 감사 드리며, 항상 최선을 다하는 교사가 될 것을 약속 드립니다.

○○○○년 3월

담임 ○○○ 드림

편지나 메시지 활용하기

여러 학부모 앞에서 대놓고 예의를 종용하면 서로 기분이 상하고 일이 해결되지 않기 십상이다. 이때는 헤어진 후에 간단한 편지나 메시지로 마음을 전하는 것도 좋은 방법이다.

> 어머니, 오늘 뵈어서 너무 기뻤습니다. 허물없이 저를 대해 주시는 모습도 감사했고요. 하지만 너무 편히 대해 주셔서 저를 ○○이 담임이 아니라 젊은 교사로만 보시는 것 같아 사실 마음이 좀 불편했습니다. 교육전문가로서 저를 믿어 주시면 감사하겠습니다.

즐겁게 받아주기

아주 심각한 수준이나 괴로울 정도가 아니라면 웃으면서 즐겁게 받아 줄 수 있다. '반말하는 것=나를 무시하는 것' 이라는 생각을 버리고 사람마다 성향이 있듯이 그것이 그 학부모의 성향이라 이해하고 넘어가는 것도 좋은 방법 중의 하나다.

언행이 교사에게 호의적이지 못한 학부모

no.1 선생님은 학교행사를 왜 안 알려 주시죠

no. 2 선생님은 문제집 푸는 숙제 왜 안 내요

아이 말만 듣고 담임교사를 나무라듯 질책하는 경우

담임교사가 안내를 해 주지 않아 과학 행사에 참가하지 못했다고 반말을 섞어 가며 이야기를 하고 과제를 이렇게 내는 것이 옳은 것인가, 그렇지 않은가를 다른 교사의 예를 들면 가며 스스럼없이 비교하는 경우다.

민구는 친구들보다 덩치가 크고 매우 활발한 4학년 남자아이이다. 민구는 지나치게 활동적이어서 수업시간에 가만히 앉아 있는 것을 힘들어하고 쉬는 시간이 되면 친구들과 장난을 치며 뛰어 다니느라 겨울에도 몸에서 땀이 나는 아이이다. 민구는 덩치로 보면 학급 아이들을 모두 제압할 것 같지만 의외로 심약한 면이 있어 친구들의 잘못을 담임교사에게 잘 이른다. 그러면서 자기보다 싸움을 잘하는 친구들의 잘못은 눈치를 보며 상황에 따라 다르게 반응한다. 이런 민구의 어머니는 학기 초, 담임교사를 찾아와 민구가 그림과 과학에 소질이 있어 특수 영재교육을 받고 있다고 하였으며 자신도 학교에 적극 협조하기 위해 담임교사가 담당하는 업무인 도서 도우미를 자청하였다. 하지만 '직장을 다니셔서 힘들지 않겠냐?'는 담임교사의 만류에도 불구하고 '자식 뒷바라지를 위해서는 무엇을 못하겠냐?'며 자신 있게 이야기를 하였다. 그러나 자신의 도서 도우미 당번 날, 사전에 아무 연락도 없이 나오지 않았고 전화도 받지 않았다. 그러다 다음 도서 도우미 당번 날에는 나타나서 담임교사에게 반말을 섞어 가며 '선생님이 학교행사 안내를 해 주지 않아 우리 아들이 교내 과학대회에 참가하지 못했다.'는 이야기를 했다. 얼마 후엔 민구가 과학 로봇조립대회에 참가하게 되서 현장체험학습 신청을 하러 왔다고 하며 부츠를 신은 채 교실로 들어왔다. 부츠를 신은 채 학생들 책상에

걸터앉아 '학생들에게 문제집 풀어 오라는 숙제를 내고 시상을 하면 학생들이 더 열심히 공부를 할 텐데 선생님은 왜 그런 숙제는 안 내느냐?'는 등 자신의 이야기만 일방적으로 하여 교육 경력이 얼마 되지 않은 담임교사를 매우 당황하게 만들었다.

교사의 대처

교사는 민구 어머니가 학기 초와 달리 호의적이지 못하며 책임감이 없음을 깨닫고 민구와 집에서의 생활에 대해 이야기를 나누었다. 민구 어머니는 밤낮을 교대로 일하는 전자회사에 다니며 밤 근무를 할 때는 낮에 자고 낮 근무를 할 때는 저녁 일찍 잔다고 하였다. 그리고 한번 화가 나면 무척 무섭고 잡히는 대로 때릴 때도 있다고 하였다. 지난 번 민구가 친구랑 놀다 화분을 깨뜨려서 꾸중을 한 적이 있었다. 이때 대화 도중 민구가 땀을 너무 많이 흘려 땀을 닦아 주려고 손을 뻗치는 순간 민구가 화들짝 놀라며 손으로 방어를 했던 적이 있었다. 교사는 소리를 지르거나 위협적인 분위기가 아닌데도 민구가 그렇게 반응을 해서 무척 당황을 했었는데 민구가 그때 왜 그렇게 반응했는지 이해할 수 있었다.

민구 이야기에 의하면 민구 어머니는 갑자기 화를 내고 폭력을 쓸 때도 있지만 소풍을 가거나 할 때는 다른 친구들 보다 먹을 것도 많이 싸 주고 맛난

음식도 많이 해 준다고 하였다. 민구는 집에서 어머니가 안 계신 동안에는 실컷 자전거를 타고 놀다 어머니가 가끔 숙제나 학교생활에 대해 물어보면 어머니가 불 같이 화낼 게 두려워 가끔씩 거짓말을 했다고 한다. 담임교사는 민구와의 대화를 통해서 민구 어머니가 자식을 사랑하는 마음은 많지만, 변덕이 심하고 자기 기분 내키는 대로 행동하는 성향이 있음을 알게 되었다. 따라서 민구 어머니와 면담을 할 때는 민구 어머니의 의견에 일단 수긍을 하고 화가 나도 감정을 최대한 가라 앉혀 대화를 해 나가려고 노력하였다. 그리고 학교행사나 민구 어머니가 관심을 갖는 부분은 민구 알림장에 따로 메모를 해서 보내고 민구의 행사 참가 여부를 두세 번 확인하였다. 또한 가만히 있지를 못하는 민구에게 청소반장과 체육 줄 세우기 반장을 시켜 자신의 활동 에너지를 청소 검사와 친구들을 줄 세우는 데 쓸 수 있도록 배려하였다. 학급 내에는 민구와 같은 성향의 남학생들이 세 명이나 있어 서로 돌아가며 할 수 있도록 했고 이 활동을 잘했을 때는 박사도장으로 보상을 해 주었다.

교사의 대처 방법 분석

잘한 점

- 교사와 학부모의 갈등 원인이 무엇인지 알아보려고 노력하였다.
- 학부모가 원하는 것이 무엇인지를 파악하려고 노력하였고, 아이가 학교생활에 자신감을 가질 수 있도록 배려하였다.
- 교사와 갈등이 있는 학부모의 성향을 파악하여 슬기롭게 대처하였다.

개선할 점

- 일관적이지 못한 학부모의 양육 태도로 인해 상처받고 있는 아이에 대한 심리상담과 아이 어머니에게 부모교육 상담이 요구된다.
- 일방적으로 말하는 어머니를 두려워하지 말고 교사는 당당하게 자신의 주장을 펼 필요가 있다.
- 학부모와 갈등을 혼자 해결하려 하지 말고 관리자나 선배 교사에게 자문을 구해 교권을 실추시키지 않고 원만하게 해결할 수 있는 방법을 모색하는 것이 필요하다.

상담적 접근

일반적으로 할 수 있는 관심과 배려

- 학부모에게 편지 보내기를 실시한다. 학기 초 자녀의 담임교사가 어떤 분일지 궁금해하고 불안해하는 학부모에게 담임교사가 먼저 편지로 자신의 교육관과 자기소개 등을 함으로써 교사와 학부모 간의 불신을 해소하고 아이의 교육을 위해 교사와 학부모가 함께 협력하는 시발점을 만든다.
- SMS나 휴대전화 문자를 통해 학부모에게 학교의 행사, 학생의 지각이나 결석 등 알린다. 학생들이 알림장이나 안내장을 학부모에게 보여 주지 않아도 학부모가 휴대전화 문자를 통해 학교교육에 대해 알 수 있도록 도움

을 준다.

- 교육은 선생님에 대한 존경에서부터 시작이므로 면담을 통해 교사가 학부모의 자녀를 사랑하고 있음을 인식시킨다.

구체적인 전략

학부모와 교사 간의 의사소통이 원활하지 않을 때, 다양한 문제가 발생한다. 따라서 학부모와 교사 간의 원활한 의사소통을 하기 위해 먼저 학교를 대하는 학부모의 태도 유형을 알아보고, 그다음으로 교사와 학부모의 의사소통을 늘리는 방법과 교사에게 반말을 하며 무시하는 학부모에 대한 대처 방법을 알아본다.

학교를 대하는 학부모의 태도 유형과 대처 방법

학교에서 똑같은 상황이 벌어져도 학부모들은 아주 다르게 반응한다. 학부모들의 성장 과정이나 성격, 사회적 계층 차이가 원인일 수도 있고 학교에 대한 경험 내용이 달라서 그럴 수도 있다. 어쨌든 교사의 입장에서는 학교를 대하는 학부모의 태도를 정확하게 파악하고 그에 적절하게 대응할 필요가 있다. 여기서는 학부모와 학교와 맺는 관계 유형을 몇 가지로 나누어 살펴보도록 한다(박경묵, 2008. 경남일보 사설).

[적극적 관여형]

학교 일이라면 발 벗고 나서는 유형이다. 이들은 학교 및 교사와 돈독한 관계를 유지하기 위해 학교와 담임교사의 요청에 적극적으로 응한다. 학교의 각종 모임이나 행사에 참여하여 지원도 아끼지 않는다. 학부모 전체 구성에 있어 이러한 유형의 학부모가 차지하는 비중은 대단히 낮지만 학교와 학부모 사회에 미치는 영향력은 매우 크다.

[피해의식형]

교육적 관심이 대단히 높은 편이나 교사를 만나러 학교에 가는 것은 별로 좋아하지 않는다. 자기 자녀에 대한 교육적 기대와 계층 상승 욕구가 대단히 높은 집단으로 성적 향상을 자녀교육의 제일의 목적으로 삼고 있다. 경제적으로 중류층에 속해 상류층 자녀들로 인해 상대적으로 받는 피해에 가장 불만도가 높은 집단이다.

[무조건 신뢰형]

학교에 대해 무조건적으로 신뢰한다. 주로 도시 빈곤층이나 농민층 등 경제적 하층 학부모에 많다. 이러한 계층의 학부모는 자신감이 부족하기 때문에 학교에 대해 문제를 제기하는 행동은 생각지도 못하며, 도덕적 권위를 인정하기 때문에 모든 책임을 자신과 자녀에게 돌리는 경향이 많다.

[비판적 참여형]

사회 · 교육문제에 높은 문제의식과 건전한 상식을 갖고 보다 교육적인 노력을 기울이는 유형이다. 학교교육에 내재되어 있는 여러 가지 문제점을 보면서 거기에 매몰되지 않고 교사, 학교와 새로운 관계를 정립하고자 노력한다. 이러한 유형의 학부모는 개인적 차원뿐만 아니라 집단적 · 조직적으로 학교문제에 개입하여 발전적 해결을 모색하기도 한다.

적극적 참여형과 비판적 참여형의 학부모는 기본적으로 학교와 교사에 대한 태도가 호의적이다. 그리고 비록 문제에 직면하더라도 발전적 차원에서 이를 해결하려는 노력을 보이기 때문에 교사 입장에서는 비교적 편안하게 대할 수 있다. 따라서 교사는 문제 상황을 솔직하게 개방하고 학부모의 도움을 요청하는 자세를 보이는 것이 좋다.

피해의식형 학부모는 교사와의 만남 자체를 껄끄러워 하기 때문에 조심스럽게 접근할 필요가 있다. 학부형을 면담하려는 교사의 의도가 결코 아동에게 피해를 주기 위함이 아니라는 점을 분명하게 하고 교사가 학부모에게 원하는 바가 무엇인지를 명료하게 드러낼 필요가 있다. 이 과정에서 불필요한 오해를 사지 않도록 언행에 신중을 기하도록 한다.

무조건 신뢰형은 교사를 어려워하고 교사의 말을 무조건 받아들이는 경향이 있다. 그 부작용으로 문제가 정확히 무엇인지 교사가 자기에게 어떤 행동을 요구하는지 정확하게 인식하지 못한 채 수동적으로 반응할 때가 있다. 교사는 이

점을 주목하고 학부모가 문제 상황을 정확하게 이해하고 있는지, 교사와 의사소통이 제대로 이루어지고 있는지 수시로 확인해 둘 필요가 있다.

교사-학부모의 의사소통을 늘리는 방법

여러 가지 이유에 의해서 학부모들은 담임교사와 면담하는 일에 어려움을 느낄 수 있다. 그러나 건전한 소통 구조가 정착된 상황이라면 학부모가 담임교사를 만나려고 할 때 느끼는 갈등이 최소화될 수 있다. 이를 위해선 다음의 몇 가지 상황들이 변해야 한다(오마이 뉴스. 2003.).

- 모든 현상을 촌지와 관련시켜서 이해하는 일그러진 의식 구조가 바뀌어야 한다. 그럼으로써 학부모는 교사를 신뢰하고 교사도 친근감을 느끼고 학부모를 신뢰하는 풍토가 조성되어야 한다.
- 교사와 학부모가 의사소통하는 다양한 경로를 마련해야 한다. 학부모나 교사에게 마음 놓고 면담 신청을 할 수 있는 기회가 제공되고, 또한 이메일, 서신 교환, 전화 교환 등 다양한 방법을 통해서 정례화가 된 의사소통의 기회를 갖도록 학교 당국이 노력을 기울여야 한다.
- 무엇보다도 당사자인 학부모와 교사들이 마음을 터놓고 이야기할 수 있는 상황을 만들어 가야 한다. 학부모와 교사 간의 진지한 대화가 이루어질 때 많은 교육문제의 실마리를 풀 수 있으며, 또한 교사와 학부모가 연대를 이루고 작업을 할 때 풍부한 시너지 효과를 얻을 수 있다. 이러한 의사소통의 필요성을 교사와 학부모가 모두 인식해야 한다.

경험이 적은 교사에게 반말을 하며 아랫사람 대하듯 하는 학부모에 대한 대처 방법(폴라리스 평생교육, 2009).

- 교사와 학부모는 서로 협조해야 하는 관계이며, 서로 존중하여야 하는 관계로 위아래가 있을 수 없음을 인식시킨다. 만일 학부모가 교사를 무시하거나 아랫사람 대하듯 한다면, 분명한 어조로 "저는 ○○를 책임진 선생님입니다. 저를 아랫사람 대하듯 행동하시니 불쾌합니다."라고 이야기한다.
- 학교관리자는 교사가 교사의 권위를 세울 수 있도록 학부모 교육을 한다. 학교관리자는 학부모총회 등의 행사에서 나이 어린 교사들이 경험이 적다고는 하지만 초등교육을 전공했고 아이에 관해서는 부모보다 더 잘 알 수 있고, 도움을 줄 수 있는 스승임을 상기시켜 준다.
- 교사는 학생에 대한 정확한 이해와 평가 내용을 학부모에게 자세히 제시하여 학부모가 신뢰할 수 있도록 만든다.

자신들의 문제를 교사에게 전가하는 학부모

no.1 학교교육이 그래서 되는 겁니까

no.2 어쨌거나 선생님이 아이들 점수는 책임을 지셔야 하는 거 아닙니까

가정교육, 기본 교육의 부실로 인한 아동의 부진을 학교교육에 떠 넘기는 경우

가정에서 아이의 청결 및 기본 생활습관 지도나 학습 준비 및 과제에 대해 전혀 신경을 쓰지 않아 생기는 문제에 대해 교사에게 모든 책임을 전가하는 경우다.

가람이는 4학년 남자아이로 차림새부터 친구들이 접근하고 싶지 않은 모습이다. 떡진 머리와 냄새나는 몸 등 청결 상태가 불량하여 아이들이 가까이 다가가고 싶어 하지 않는다. 또 걸핏하면 준비물을 안 가져와서 모둠별로 하는 활동에서 반갑지 않은 대상이며 과제를 해 오지 않아 교사에게 꾸중 듣는 일이 다반사다. 게다가 교사에게 꾸중을 듣는 중에 반항적인 태도를 보여 교사를 더욱 곤경에 빠뜨리곤 한다. 그럼에도 아이의 엄마는 작은 문제가 생기면 문제에 대한 책임을 교사나 학교에 전가하려 하고, 심지어는 교장실로 찾아가 따지기도 하는 막무가내 행동을 보인다.

교사의 대처

학부모와의 상담으로 마음에 많은 상처를 받은 교사는 나름대로 최선을 다해 가람이에게 신경을 썼다. 그동안 신경을 안 쓴 것은 아니지만 더욱 최선을 다하여 가람이를 지도하였다. 그리고 학급 아이들에게도 도움을 요청하여 더욱 따뜻하게 대해 주고 공부 도우미가 되어 줄 것을 당부하였다. 가람이 엄마에게 전화를 자주하여 과제에 대해 부탁하고 싶은 것을 이야기했고, 가람이의 학교생활에 대해서도 들려주었다.

아이의 엄마는 대부분 냉소적이었지만 칭찬의 말을 들려주면 기분이 좋아보였다. 그러나 그 엄마의 학교나 교사에 대한 불신감은 습관적인 면이 없지 않았다. 다음 해 학년이 바뀌고 담임교사가 바뀌었을 때 아이들의 다툼으로 인해 그 부모가 학교에 찾아와 난동을 피우는 소동이 일어났다.

교사의 대처 방법 분석

잘한 점

- 학부모의 다그침이나 터무니없는 말에 자세를 굽히지 않고 당당하게 소신을 밝혔다.
- 학부모의 항변에도 아랑곳하지 않고 아이를 끝까지 책임감을 가지고 지도하였다.
- 아이의 학습 도우미를 학급 아이들에게 부탁하여 아이의 성적 향상이나 교우관계에도 긍정적인 영향을 미치도록 해 주었다.
- 아이 엄마에게 자주 학교생활에 대한 소식을 전해 주어 아이 엄마의 학교에 대한 불신을 불식시켜 주려고 하였다.

개선할 점

- 학부모와의 상담 시 교사가 화난 모습을 드러내었다. 가정에서의 잘못은 생각지 않고 학교 탓만 하는 부모가 한심하겠지만 흥분을 가라앉히고 대처할 필요가 있다.
- 변명을 늘어놓듯이 이야기하지 않는다. 자칫하면 긁어 부스럼을 만들 수도 있다.
- 여유 있는 태도를 유지하면서 자신의 주관을 강도 높게 이야기한다.

- 아이에게 문제가 생겼을 때 부모가 먼저 전화하거나 달려오게 하지 말고 미리 부모에게 연락을 취한다. 아이들은 자신에게 유리하게 사건을 전달하는 면이 있기 때문에 부모 입장에서는 실제보다 더 심각하게 받아들일 수 있다.

상담적 접근

일반적으로 할 수 있는 관심과 배려

교사 자신의 마음 들여다보기

교사는 학부모에게 무척 화가 날 것이다. 그러므로 '무엇이 자신을 화나게 하는가?' '무엇이 자신의 사명감을 저하시키는가?' 를 생각해 본다.

- 학부모의 무례한 행동
- 부모로서의 역할은 제대로 하지 않고 교사와 학교 탓만 하는 부모의 무관심
- 가정에서는 아무것도 하지 않고 교사와 학교에서 모든 걸 다 해 주기만 바라는 부모의 불성실과 뻔뻔함
- 자기 자식만 두둔하는 이기심
- 가르쳐도 발전이 없는 아이의 한계

• 과제와 준비물 등을 소홀히 하는 아이의 불성실

• 미리 전화 연락을 하지 않아 문제를 확대시킨 자신의 대처법

✕ 교사 자신의 '마음 들여다보기'로 화내고 있는 대상이 무엇인지 생각해 보고 변화시킬 수 있는 것만 정리해 본다. 마음에 위안을 얻을 수 있는 방향으로 생각한다.

• 아이에 대한 지속적인 관심과 지도를 통해 약간의 성적 향상과 불성실함을 다소 변화시킬 수 있다.
• 원래 부모란 자기 자식 하나를 위한 사람이다.
• 문제가 확대되기 전에 미리 전화한다(아이의 문제에 대해서).
• 그 아이의 가정은 원래 형편이 어려워 아이에게 쏟을 수 있는 여력이 별로 없다.
• 부모들은 아이의 실태에 대해 잘 모르고 또 지도 방법을 모를 수 있다.
• 부모의 역할에 대해 정확히 모르고 있을 수 있다.
• 모든 학부모가 내 편이 될 수는 없다.
• 부족함이 많은 아이의 학부모는 약간의 피해의식이 있을 수 있음을 인정한다.
• 이와 같은 경우 부모의 말을 가슴에 담아두지 않는다.
• 부모를 원망하기 전에 부모에게 신임을 얻을 수 있는 방법을 강구한다.

✗ 위안을 주는 요소를 정리하면 다소 마음이 진정될 것이다. 자신이 할 수 없는 영역은 어쩔 수 없고 실천하여 긍정적인 방향으로의 발전이 기대되는 일들을 해 나간다.

✗ 일반적인 관심과 배려

- 아이에 대해 시간마다 좀 더 특별한 관심을 갖고 지도하고 아이들과 협력하여 학습에 흥미를 느끼도록 돕는다.
- 작은 문제 해결 하나에도 칭찬을 아끼지 않는다. 평상시 대부분의 행동이 교사나 아이들에게 호응을 받지 못하는 아이이므로 칭찬할 거리를 찾기가 쉽지 않을 것이다. 그러나 그러한 가운데에서도 사소한 칭찬거리를 찾아 칭찬하다 보면 악순환의 고리를 끊을 수 있을 것이다.
- 전화 연락 전에 알림장을 통해 가람이의 학습 상황, 발전되어 가는 모습, 칭찬거리, 또 준비물과 요구되는 사항 등을 적어 보낸다. 많은 정보를 부모에게 제공하여 교사가 아이를 위해 최선을 다해 지도하고 있음을 인지시켜 줄 필요가 있다. 부모가 교사를 신뢰할 수 있게 되는 계기를 마련해야 한다.
- 가정에서 구체적으로 무엇무엇을 확인해 주실 것과 어떻게 지도해 주셔야 할 것인지를 알려 드린다. 가람이 부모님의 경우 방법을 잘 모르는 부모님일 가능성이 크다. 그러므로 아이를 어떻게 돌보아야 할지, 무엇을 어떻게

살펴 주어야 할지, 무엇을 점검해 주어야 하는지 구체적으로 부탁한다.

구체적인 전략

학부모가 모든 책임을 교사에게 전가하는 경우 무엇보다 학부모와의 신뢰감 조성이 우선시 되어야 한다. 따라서 신뢰도를 높일 수 있는 방안과 함께 부모 역할 교육을 함께 추진해 볼 수 있다.

학부모 통신문

학기 초 담임을 맡았을 때, 담임의 교육관과 소신 및 지도 방법, 부모와의 의사소통 방법 등을 미리 지면을 통해 알릴 뿐 아니라 정기적으로 아이들의 학습 및 생활 상태를 알리게 되면 담임에 대한 신뢰도가 높아지고 부모와의 상담이 훨씬 수월해진다.

학급 홈페이지 활용

학급 홈페이지를 활용하여 과제 내용 올리기, 편지글 올리기, 다양한 과제 해결하여 올리기를 한다. 이렇게 하면 학부모는 학급 상황을 파악할 수 있을 뿐만 아니라 자기 자녀에 대한 수준을 다른 아이들과 견주어 볼 수 있을 것이다. '학부모 참여공간' 을 따로 만들어 운영하는 것도 효과적이다.

부모 역할 교육

가람이 엄마처럼 교사나 학교에 무조건 책임을 떠넘기려 하는 경우 원인을 살펴보면 부모가 지도해 줄 자신이 없거나 정말 지도 방법을 알지 못하는 경우가 있다. 이런 경우 생활 및 학습 면에서 어떻게 자녀를 지도해야 하는지에 대해 부모 역할 교육을 한 달에 한 번 정도 정기적으로 실시한다. 아울러 아동심리, 자녀상담, 부모와 함께할 수 있는 학습 프로그램 등 전문적인 내용의 강의가 이루어지면 부모의 참여율도 증가할 것이다. 부모교육에 참고하면 좋을 내용을 살펴보면 다음과 같다.

[위대한 사람 뒤에는 반드시 훌륭한 어머니가 있다]

부모의 가정교육이 얼마나 중요한가를 깨우쳐 주도록 한다. 세계의 위대한 사람들 뒤에는 어머니의 사랑과 정성이 있고, 이율곡, 한석봉, 아인슈타인, 에디슨 등 위대한 업적을 남기고 세계인의 존경을 받는 인물이 되기까지는 어머니의 공이 컸다는 것을 알게 한다.

[아동의 발달 과업에는 결정적 시기가 있다는 것을 알게 한다]

아동들의 발달 과업은 교육과 밀접한 관계가 있으므로 그 연령 단계에서 달성해야 할 과업을 고려하면서 인성교육이 이루어져야 함을 강조한다. 그 단계에서 이루어져야 할 과업이 달성되지 않으면 그다음 단계의 과업을 달성하는 데 결정적인 지장을 초래한다는 것을 염두에 두게 한다. 부모는 이러한 과업을 달성하는 데 가장 결정적인 역할을 담당해야 함도 잊지 않고 주지시킨다(Havighurst의 발달이론). 이와 관련하여 피아제의 인지(지적)발달이론, 프로이트의 성격발달이론, 에릭슨의 퍼스낼리티 형성이론 등을 소개한다. 그리하여 가정에서 어머니는 자녀의 올바른 인격 형성을 위하여 꾸준한 정성과 사랑이 살아 숨 쉬게 해야 한다는 것을 강조한다.

[효과적인 대화 방법을 소개한다]

자녀와의 의사소통에서 명령이나 지시, 주의 협박, 훈계 등의 대화 방법이나 심지어는 욕설이나 비난을 퍼붓는다면 자녀와의 관계는 최악의 상태로 치닫게 될 것이다. 따라서 부모교육을 통해 자녀와 대화하는 방법을 알려 준다.

[적극적 경청]

적극적 경청은 대화의 자세에서 상호 존중이 기본이 되며 상대가 마음의 문을 열도록 수용적 태도로 임하는 것을 말한다. 언어적 · 비언적인 면에서 충분히 수용하고 공감해 주며 대화를 한다.

가 람: 오늘 학교에서 민수가 나랑 놀기 싫다고 했어요. 그 애는 내가 하자는 건 다 싫대요.

어머니: 네가 민수에게 무척 화가 나 있구나.

가 람: 네, 난 민수가 싫어요. 놀기도 싫어요. 친구라고 하기도 싫어요.

어머니: 놀기도 싫고 친구하기도 싫다니 화가 나도 단단히 난 모양이네.

['나-전달법' 을 사용]

일반적으로 '너-전달법' 은 상대방을 탓하거나 비난하는 것이기 때문에 자녀에게 잘못이 있다고 말하고 공격하는 대화 내용이 되어 버리기 쉽다. 이에 비해 '나-전달법' 은 아이를 꾸짖지 않고 말하는 사람의 느낌을 전달할 수 있는 장점이 있다. '나-전달법' 은 일반적으로 한 가지 상황에 세 가지 요소를 포함하여 말하는 방법이다.

- 네가 ~하면(행동 서술)
- ~해서(결과 서술)
- 나는 ~라고 느낀다(느낌 서술).

☞ "네가 그렇게 함부로 행동하니까 엄마가 자식교육을 잘못했다는 생각이 들어서 속이 많이 상한다."

자기 입장만 이야기하는 학부모

no.1 당신이 내 자식을 알면 얼마나 알아

no.2 어머니께서 그렇게 생각하신다면 미안합니다

담임교사의 의견은 귀담아 듣지 않고 자기 말만 하는 경우

담임교사가 아이에게 취한 행동에 대한 이유는 들으려하지 않고 아이의 말만 들은채 교사의 의도를 곡해하여 의사소통을 어렵게 만드는 경우다.

지맘 여사는 자기 아이가 교사의 잘못된 판단 때문에 억울하게 반성문을 쓰게 되었다며 담임교사에게 전근 오자마자 자기 아이를 알면 얼마나 알기에 반성문을 쓰게 했느냐고 심하게 따졌다. 지맘 여사는 담임의 의견은 들으려 하지도 않고 교장에게 전화하고 아이들도 전학시키겠다고 협박을 하였다. 지맘 여사는 학교 안팎에서 자기 가족에게 조금이라도 피해가 되면 상대를 가리지 않고 사소한 일로도 큰 싸움을 벌이고 억지를 쓰는 바람에 학부모뿐 아니라 교사들에게서도 미움을 받고 있었다. 초등학교 4, 5학년과 중학교 1학년에 다니는 아이들 셋 모두 엄마와 비슷한 모습으로 학급 친구들을 따돌리거나 마음대로 친구들을 대하고 있어서 교사들과 아이들로부터 기피 대상이 되고 있다.

교사의 대처

4학년을 맞게 된 첫날 담임교사는 학급 분위기의 중요성을 강조하면서 교사가 어떻게 하면 학급 분위기가 좋아지겠는지를 설문을 통해 알아보았다. 여자

아이 대부분이 따순이를 비롯한 몇몇의 여학생을 지목하며 자기들을 수도 없이 따돌렸다는 이야기와 함께 그 친구들 때문에 학교생활이 힘들고 재미없었다고 하였다. 따순이는 잘못한 게 많은지 별다른 부탁이 없었다. 사실을 알아보기 위해 쉬는 시간에 따순이와 지목된 아이들 셋을 불러 조심스럽게 상담하니 세 아이 모두 사실을 솔직히 인정하였다.

담임교사는 한 시간 동안 학급 전체 아이들에게 어울림의 소중함을 이야기하였다. 그리고 지난 1년 동안 친구들에게 잘못한 것을 마음으로부터 날려 보내기 위해서 친구들에게 사과하고 용서를 받는 심상 작업을 하였다. 아이들은 상상만으로도 용서받은 느낌이 있다면서 즐거워하였다. 담임교사는 따순이와 지목된 아이들을 다시 불러 친구들에게 미안한 마음을 완전히 없애고 사이좋게 지내려면 따돌림당한 친구들에게 진심어린 사과 편지를 쓰면 더 좋겠다고 하였다. 그러자 아이들은 기분 좋게 동의하였고 다음날 아침까지 사과 편지를 써 오기로 하였다. 지맘 여사는 집에서 따순이가 사과 편지 쓰는 장면을 보게 되었고 사과 편지의 내용과 교사의 의도를 제대로 전달하지 못한 아이의 말에 심한 오해를 한 듯했다.

다음날 아침 수업이 시작되기 바로 전에 지맘 여사는 담임교사에게 전화를 걸어 거칠게 항의하였다. 담임교사는 전화를 받은 즉시 교장에게 있는 그대로 알리고 대비를 부탁하였다. 교장은 그 여자가 또 그랬느냐며 그 여자 때문에 아주 골치가 아프지만 걱정 말라고 하였다. 지맘 여사는 담임과 통화 후 바로 담임교사에게 했던 그대로 교장실로 전화를 했고 교장은 교사에게 걱정 말고 소신껏 가르치라고 격려하였다. 담임교사는 교직생활 28년 만에 처음 당하는 일인지라 아주 당황스럽고 자존심이 상하였다. 게다가 교사의 이야기에 전혀 귀 기울이지 않고 예의 없이 전화로, 그것도 수업을 해야 하는데도 불구하고 자기 말만 하는 지맘 여사와 교사 앞에서는 웃으면서 사과 편지를 쓰겠다고 해 놓고 교사의 의도를 제대로 전하지 못해 곤욕을 치르게 한 따순이 때문에 마음이 심하게 상해서 며칠 동안 아이를 보고 말을 걸지도 웃지도 않았다.

교사의 대처 방법 분석

잘한 점

- 엄마가 자기 자식을 가르치는 담임에게 처음 전화하면서 인사도 없이 감정적으로 전화하면 화를 낼만도 한데 화내지 않고 침착하게 전화 내용에만 응대하였다.
- 엄마의 경우 없는 행동에 굴하지 않고 당당하게 교사로서 할 말을 하였다.
- 교장실로 전화할 거고 아이들도 전학시킨다는 위협 아닌 위협에 동요하지 않고 그렇게 하라고 당당하게 말하여 교사의 자존심을 망가뜨리지 않았다.
- 전화로 이야기하지 말고 직접 찾아와야 상대를 하겠다고 분명한 의사를 밝혔다.

개선할 점

- 대화에 흐르는 내용은 담임교사도 엄마가 하는 불평을 들으려고 하지 않고 자신의 의도만 이야기하고 있다. 불평을 하는 엄마의 마음을 이해하고 들어주려는 노력이 필요하다.
- 불만을 이야기하는 엄마를 자극할 필요는 없다. 전화상의 대화 목소리는 매우 차분했을지 모르나 대화 곳곳에서 아이가 잘못한 것을 지적하고 엄마를 자극하는 내용이 발견된다.
- 엄마의 불쾌한 행동 때문에 아이에게까지 감정적으로 대하는 것은 좋지 않다.

상담적 접근

일반적으로 할 수 있는 관심과 배려

지맘 여사의 행동 때문에 교사의 자존심이 상한 이유를 살펴볼 필요가 있다. 교육활동에 있어서 교사들은 어쩌면 학부모는 교사가 하는 대로 이유를 달지 말고 따라와야 한다고 생각하는지도 모른다. 게다가 교사가 하는 교육활동 전반의 것들을 학부모가 모두 긍정적으로 생각할 것이라고 여길 수도 있다. 하지만 애석하게도 요즘 부모들은 자기 아이들에 대해서 굉장히 이기적이다. 배운 것도 많고 아이들도 한둘밖에 없는 세상이다 보니 교사에게 따지고 덤비는 학부모가 많을 수밖에 없다.

이는 교사도 마찬가지다. 교사도 일단 교실을 떠나면 자기 자식의 엄마로 돌아간다. 그래서 다른 엄마들과 마찬가지로 교사로서의 입장보다는 자기 아이를 먼저 챙길 수밖에 없는 철저히 이기적인 학부모가 될 수 있다. 따라서 방법은 잘못되었지만 아이의 입장을 변호하고 있는 지맘 여사의 입장을 조금이라도 이해하고 같은 엄마의 입장에서 이야기를 들을 필요가 있다.

새 학급을 맡기 전에 인사장과 함께 학급 경영관을 미리 준비해 두었다가 새 학기 첫날 학부모에게 보낸다. 교사가 인사장과 함께 학급 경영관을 알린다면 설사 전화할 일이 생기더라도 이렇게 경우 없는 상황까지는 가지 않을 수도 있다. 특히 자신의 학급 경영관 중에서 이 사례처럼 강조하고 싶은 내용이 있다면 그 부분을 두드러지게 하여 알리고 그런 부분에 대해서는 부모로부터 조언이나 협조를 얻도록 한다.

✕ 자기 학급만의 학부모 회의를 가질 필요가 있다. 아무리 인사장을 보내고 학급 경영관을 알리더라도 안내장보다는 얼굴을 마주 보며 나누는 대화에서 주고 받는 메시지가 훨씬 많다. 이 사례는 새 학년을 담임한 지 이틀 만에 발생한 경우지만 이런 일은 언제든 발생할 수 있다. 그러므로 많은 학부모가 참석하도록 하여 사심 없는 대화를 나누도록 한다. 자신의 아동관, 교육관을 이해시키고, 아이들을 편애하지 않을 것과 학급 경영의 최우선을 급우들이 잘 어울리는 왕따 없는 교실에 둘 것임을 구체적인 예를 들면 가며 설명할 필요가 있다. 혹 참석하지 못한 부모에게도 이 내용을 알려 주도록 당부한다.

✕ 전화 대신 만나서 이야기하도록 한다. 지맘 여사는 수업에 상관없이 화가 난 상태로 많은 말을 하고 있고 교사도 지지 않고 계속하여 자기 입장만을 말하고 있다. 이럴 때 교사는 아이들 수업에 방해가 되니 직접 만나서 이야기하자고 제안하는 것이 좋다. 전화로 이야기하는 부모는 교사의 얼굴이 보이지 않으니 마음 놓고 교사에게 욕을 하거나 막말을 할 수 있다. 한번 쏘아 대고 1년 동안 담임을 만나지 않으면 그만이니까. 하지만 자기 아이를 1년 동안 가르칠

담임교사를 코 앞에 두고 함부로 이야기할 수 있는 부모는 많지 않을 것이다. 얼굴을 마주 대하고 이야기할 때 상대방을 설득하거나 오해를 더 쉽게 풀 가능성이 높다.

✗ 아이 엄마에게 따순이가 쓰던 사과 편지 때문에 오해가 발생하도록 해서 미안하지만 교사들의 생각은 언제나 아이들의 편이라는 것을 이해시킨다. 이 사례는 사과 편지를 반성문이라고 오해한 경우지만 혹시 반성문을 쓰게 했더라도 그 기본은 아이가 잘 되도록 하기 위함임을 인식시킬 필요가 있다.

✗ 교장실에 전화하고 아이를 전학시키겠다고 하면 그렇게 하라고 할 수도 있다. 그러나 이 사례의 대화처럼 엄마의 감정을 자극하는 말이나 빈정대는 투여서는 안 된다. 다만, 교장실에 전화해서 마음이 풀린다면 그렇게 하도록 하고 아이를 전학시키는 문제도 전학을 시켜도 좋다는 말과 함께 다른 곳으로 전학을 가는 것은 좋은데 그 학교에서는 이런 일이 발생하지 않기를 바란다고 진심어린 말을 해 준다.

구체적인 전략

이 사례의 경우는 전화상으로 이야기하고 있으나 전화상으로는 자세한 상담이 불가능하다. 그러므로 엄마와 따로 만나서 하는 상담이라는 것을 전제로 한다.

불평을 이야기하는 엄마의 마음을 이해한다

대부분의 부모는 자기 아이에 관한 일이라면 아주 이기적인 생각을 가지고 있다. 교사가 증거를 가지고 아이의 잘못을 지적한다고 해도 순순히 수긍하기보다는 다른 아이들도 잘못한 것이 많은 데 교사가 잘못 판단하여 자기 아이만 더 비난하는 것이라고 여기는 경우가 많다. 교사는 아이 엄마가 아침부터 인사도 없이 전화를 하여 불평을 하고 항의를 하니 마음이 불편하겠지만 우선은 엄마가 하고 싶은 말을 충분히 하도록 하고 엄마의 마음을 공감할 필요가 있다. 처음부터 교사의 입장만을 강조하면 다음 이야기를 제대로 진행할 수 없다. 엄마의 마음을 충분히 읽어 주고 나서 교사가 아이들에게 시킨 일과 아이들이 사과 편지를 기꺼이 쓰겠다고 한 사실을 알려 주어야 한다.

엄마 주장과 반대되는 증거를 보여 준다

교사가 따순이에게 아무런 근거 없이 사과 편지를 쓰라고 한 것이 아님을 분명히 설명할 필요가 있다. 아무런 근거도 없이 억울하게 아이들을 꾸중하는 교사는 없다. 따라서 근거 자료를 잘 챙겨 두었다가 이런 경우에 활용하도록 한다. 다만 증거를 제시할 때 엄마가 불쾌한 마음이 들지 않게 하여야 한다. '당신 아이가 이렇게 썼는데 어디다 대고 함부로 덤벼?' 라든가, '이렇게 증거가 분명한데 당신은 나한테 졌어.' 라는 태도가 아니라 교사가 아이들을 신중하게 대하고 있다는 태도를 보여 주는 것이 중요하다.

엄마가 오해한 내용을 바로잡아 준다

엄마에게 교사가 의미하는 사과 편지의 내용을 바로 알려 주고 아이가 반성문을 쓰고 있었다고 생각한 이유를 구체적으로 질문하여 엄마의 생각을 바로잡아 줄 필요가 있다. 교사는 분명히 사과 편지를 쓰라고 한 것인데 엄마가 반성문으로 오해를 하고 있으니 어떻게 된 것인지 아이에게 차근차근 질문하여 바로 잡도록 한다. 이 과정에서 엄마나 아이가 패배감을 맛볼 수 있는 말투나 용어를 사용하는 것은 좋지 않다. 이런 방법은 아이에게는 솔직하게 말하는 것의 중요성을, 엄마에게는 아이의 말과 행동을 정확하게 챙기는 태도의 중요성을 깨닫게 하는 포인트가 된다.

대화의 초점을 현재에 맞춘다

엄마가 몇 년 전에 자기 아이가 친구들에게 당했다고 억울함을 표현하는 것에 대해서는 일단 들어준다. 그러나 교사는 몇 년 전이 아닌 바로 3학년 때의 힘들고 불편했던 점을 쓰라고 했다는 사실을 따순이의 말과 설문지를 통해서 확인시킨다. 그리고 지금 4학년인 아이들의 불편함을 지도하는 것이지, 아이가 말하지 않는 1학년 때의 일까지를 지도할 수는 없다는 것도 함께 이야기한다.

✗ 엄마에게 해결책을 물어본다

그래도 불평을 한다면 엄마가 교사라면 설문지에서 요구하고 있는 아이들의 불만을 어떤 방법으로 해결할 것인지 의견을 들을 필요가 있다. 엄마가 좋은 방침을 이야기해 주면 학급경영에 반드시 적용하겠다고 말하면서 협조를 구해 본다. 이런 방법은 엄마에게서 좋은 방법이 나오든 나오지 않든 일단은 따지고 덤비는 부모의 태도를 누그러뜨릴 수 있는 장점이 있다.

✗ 엄마가 교사에게 불쾌한 행동을 했다고 아이에게까지 감정적으로 대하지는 말자

교사도 감정의 동물인지라 이런 경우에 아이를 미워할 수 있다. 그러나 철모르는 아이라는 점을 명심한다. 아이는 아직 모르는 것이 많고, 엄마 또한 자기 아이에 대한 사랑이 넘쳐서 그런 일이 발생한 것이라고 너그럽게 이해한다. 그리고 오히려 아이의 장점을 찾아 칭찬해 주고 보듬어 주는 등 많은 관심을 보이도록 한다. 그래서 교사가 자기 아이를 특별히 미워서 그런 것이 아님을 분명히 보여 준다. 이런 방법으로 엄마가 교사에게 가지고 있던 서운함이 없어진다면 이 엄마도 교사에게 협조적인 모습을 보여 줄 가능성이 있다.

학부모●학교생활을 스스로 할 수 없게 하는 학부모●교사를 모략하는 두 얼굴의 학부모●학급 일을 학교 관리자에게 상의하는 학부모●
에 너무 무관심한 학부모●학교에 지나치게 자주 찾아오는 학부모●내가 한 만큼 돌려받고 싶은 학부모● 교사에게 반말하는 학부모●
에게 호의적지 못한 학부모●자신들의 문제를 교사에게 전가하는 학부모●자기 입장만 이야기 하는 학부모●교사를 믿지 못하는 추궁형
기 아이를 과대평가하는 학부모●교사에게 촌지 주는 학부모●자기 아이만 미워한다고 항의하는 학부모●아이의 말만 믿는 학부모●교
한 요구를 하는 학부모●아이의 자신감만 지켜주고 싶은 학부모●학교생활을 스스로 할 수 없게 하는 학부모●교사를 모략하는 두 얼굴의
학급 일을 학교 관리자에게 상의하는 학부모●자녀의 학습에 너무 무관심한 학부모●학교에 지나치게 자주 찾아오는 학부모●내가 한 만
고 싶은 학부모● 교사에게 반말하는 학부모●언행이 교사에게 호의적지 못한 학부모●자신들의 문제를 교사에게 전가하는 학부모●자기
이야기 하는 학부모●교사를 믿지 못하는 추궁형 학부모●자기 아이를 과대평가하는 학부모●교사에게 촌지 주는 학부모●자기 아이만 미

2 교사를 불신하는 경우

교사에게 반말하는 학부모

언행이 교사에게 호의적지 못한 학부모

자신들의 문제를 교사에게 전가하는 학부모

자기 입장만 이야기하는 학부모

교사를 믿지 못하는 추궁형 학부모

자기 아이를 과대평가하는 학부모

교사에게 촌지 주는 학부모

자기 아이만 미워한다고 항의하는 학부모

아이의 말만 믿는 학부모

교사에게 무리한 요구를 하는 학부모

아이의 자신감만 지켜 주고 싶은 학부모

학교생활을 스스로 할 수 없게 하는 학부모

교사를 모략하는 두 얼굴의 학부모

학급 일을 학교 관리자에게 상의하는 학부모

자녀의 학습에 너무 무관심한 학부모

학교에 지나치게 자주 찾아오는 학부모

내가 한 만큼 돌려받고 싶은 학부모

교사를 믿지 못하는 추궁형 학부모

no.1 왜 이제서 말씀하세요

no.2 내일 다시 확인해 볼 겁니다

no.3 그 아이가 고쳐지지 않으면 그다음에 어떻게 할 건데요

no. 4 애들 지도는 하는 겁니까

교사의 교육활동을 못미더워하고 늘 주시하고 있다는 듯 따지며 말하는 경우

학교생활에서 적응력이 떨어지는 자녀에 대한 불안감으로 늘 자녀의 학교생활과 관련된 소소한 것들까지도 주시하고 참견하는 경우다.

태경이는 5학년 남자아이로 목회활동을 하시는 부모의 과잉보호 속에서 자라고 있다. 다소 어수룩하고 주변과의 인간관계도 원만하지 못하여 아이들로부터 은근히 따를 당하는 경우도 종종 있다. 태경이가 상황 파악도 못하고 주변 아이들을 놀리거나 괴롭히기도 하지만 문제는 태경이가 놀림을 당할 때면 어김없이 교사의 지도력을 의심하는 부모의 항의 전화가 온다는 것이다.

교사의 대처

아이의 모든 것을 꿰뚫어 봐야 직성이 풀리는 부모 밑에서 태경이는 조그만 것도 부모에게 혼날 것을 두려워해 사실을 있는 그대로 말하지 않고 자기 편의대로 꾸며서 말하는 습관이 있다. 태경이의 이런 습관 때문에 태경이 부모는 태경이 말만 듣고 교사에게 자주 항의를 해 온다. 스스로 문제를 헤쳐 나가기보다는 말을 꾸며 어려운 상황을 넘겨 보려는 아이도 문제지만 그러한 행동을 감싸고 편들어 주는 부모의 사고방식이 더 큰 문제로 여겨졌다. 교사는 가능한 한 태경이로 인한 문제가 발생하지 않게 하려고 아이를 교사의 시선이 머무는 가까운 곳에 앉히고 주변 아이들과의 충돌을 줄이고자 했으나 상황은 별로 나아지지 않았다. 학부모가 아주 소소한 사건까지 전화를 걸어 참견을 하는 것도 못마땅했지만 교사의 능력을 추궁하는 듯한 일방적인 어투는 교사의 자존심을 상하게 하고 분노까지 치밀어 오르게 하여 감정을 조절하기가 몹시 힘들었다. 교사는 이 학부모와 전화 통화를 하고나면 수업할 기분이 나지 않아 괜히 죄 없는 다른 아이들한테 화살을 돌리기도 하였다.

교사의 대처 방법 분석

잘한 점

- 아이에 대한 관찰 범위를 확대하고자 교사와 가까운 곳에 앉혔다.
- 수시로 아이를 불러 아이 주변의 근황을 묻고 살폈다.
- 아이에 행하는 장난이나 놀림을 자제하도록 학급 아이들에게 따로 지도하였다.
- 수업시간에는 절대로 전화를 받지 않았다.
- 자신의 상황을 동료 교사들과 공유하며 아이 생활지도와 바람직한 학부모 대처법을 익히고자 애를 썼다.

개선할 점

- 학부모와의 대화 도중 감정 조절이 안 되어 짜증을 내며 학부모와 말싸움을 하기도 하였다.
- 학부모의 사고방식을 개선하려고 하기보다는 아이의 행동을 지도하여 스스로 문제 해결

능력을 키워 주는 방향으로 노력을 기울인다.
- 학부모로부터 받은 분노의 감정을 학급 아이들 앞에서 화풀이를 하며 불쾌감을 드러냈다.
- 퇴근 후 집으로까지 걸려 오는 학부모의 분별 없는 전화를 단호히 통제하지 못하였다.
- 전화상담보다는 직접 부모의 얼굴을 보며 상담할 필요가 있다.
- 교사 자신의 감정을 잘 조절하여 정신적으로 건강한 생활을 유지하도록 한다.

상담적 접근

일반적으로 할 수 있는 관심과 배려

- 요가나 명상 등 심신을 가라앉힐 수 있는 취미생활이나 격렬한 스포츠를 통해 스트레스를 날려 버린다.
- 부모, 교사, 친구 등 의미 있는 다른 사람들과의 상호작용을 통하여 부정적인 감정을 다스리도록 노력한다.
- 학급 아이들에게 태경이와의 불합리한 상호작용을 가능한 줄이도록 협조를 구한다.
- 태경이와의 개인면담을 통하여 원만한 대인관계 기술을 코칭하고 솔직성과 정직성의 가치를 일깨운다.

- 교사와 학부모가 면대면 상담을 통하여 서로의 불만이나 하고 싶은 말을 허심탄회하게 털어놓고 이야기하는 시간을 갖는다.
- 퇴근 후 학부모들이 알고 있는 휴대전화의 전원은 꺼 놓고 집 전화만 사용한다.

구체적인 전략

자신의 자녀가 하는 잘못된 행동과 반응은 눈에 보이지 않고 자식 귀한 것만 눈에 보이는 듯 말하는 학부모에게는 학교에서 보이는 자녀의 부적절한 행동을 직접 눈으로 확인하게 하는 것도 좋은 방법이다. 학교에서 자녀가 어떻게 활동하는지 단체생활에서의 행동이나 태도를 관찰할 수 있는 기회를 부모에게 제공하여 자기 자식에 대한 편견을 버리고 냉철하고 객관적인 판단을 할 수 있게 돕도록 한다.

학교행사 참여를 통하여 자녀 주변 상황에 대하여 이해심 넓히기

- 학교교육계획에 의하여 학부모 공개수업을 실시하는 날 아이의 부모님을 꼭 참석하게 하여 아이의 학습활동 모습을 직접 참관하고 아이의 행동이나 태도를 살피게 한다.
- 운동회나 학예회 등에 보조교사로 참석하여 단체생활에서 아이들이 활동

하는 모습을 관찰하면서 학교생활은 아이들 간 관계의 연속이므로 사건의 원인이 일방적이기보다는 쌍방에 의한 경우가 많을 수 있음을 인식하게 한다.

- 일 년 중 특별한 날(어린이 날, 어버이 날, 스승의 날 등)이나 교육과정 연계 지역인사 초빙 학습시간을 마련한다. 그러면서 아이의 아버지나 어머니를 1일 교사로 초빙하여 교실현장에서 교사의 입장을 체험하게 하고 단체생활에서 발생할 수 있는 여러 가지 상황을 수용할 수 있는 계기가 되도록 한다.

비디오 피드백과 반응 대가 훈련 적용하기

[부모와 함께하는 비디오 피드백]

평상시 학급 아이들이 생활하는 모습을 동영상으로 찍어 놓고, 그중 아이가 나오는 비디오를 중점적으로 골라 학부모와 함께 이 동영상을 시청하는 시간을 가져본다. 동영상 자료를 통하여 아이의 부적응 행동(off-task behavior)을 살펴보고 자기 자녀에 대한 객관적이고 냉정한 관점을 가질 수 있는 시간을 마련한다.

[아이과 함께하는 비디오 피드백]

아이에게 1m 거리의 비디오 비전 앞에 녹화해 둔 학교생활 테이프를 틀어주고 자유롭게 비디오 내용을 살펴보며 자신의 적절한 행동과 부적절한 행동을 스스로 확인하게 한다. 이 과정을 통하여 긍정적 · 부정적 피드백을 받도록 하고 부적절한 행동에 대해서는 일시정지 버튼을 누르고 이를 대치할 수 있는 바람직한 행동에 대하여 알아보도록 한다. 또한 비디오 피드백 과정에서 칭찬을 통하여 어떤 행동이 적절하고 부적절한지 기준을 이해하도록 돕는다.

[비디오 피드백+반응 대가]

비디오 피드백만 사용하는 것보다 반응 대가 훈련을 병행하면 아이의 행동을 개선하는 데 도움이 될 것이다. 즉, 비디오 피드백 단계와 반응 대가 훈련을 통하여 스스로 한 행동에 대한 자기강화 활동을 제공하고 동시에 적절한 행동을 보였을 때 스티커를 주고, 만일 부적절한 행동이 나타난 경우에는 설명을 한 후 스티커를 박탈한다. 주말마다 스티커의 개수를 세어 아이가 원하는 활동을 강화물로 선정하여 제공한다.

자기 아이를 과대평가하는 학부모

no. 1 선생님 왜 우리 아이 나머지 공부시키시는 거예요

no.2 선생님! 호중이 또 도망갔어요

no.3 우리 호중이를 너무 나쁘게만 보시는 거 아니에요

자기 아이를 객관적으로 평가하지 않고 과대평가하는 경우

자기 아이가 성실하고 착한데 주변의 친구들 때문에 학교생활에 문제가 생긴다고 믿는 학부모의 경우다.

호중이는 2학년 남자아이로 학급의 말썽꾸러기다. 학습도 뒤떨어질 뿐 아니라 학급에 모든 다툼이 호중이에게서 시작된다. 항상 산만한 행동에 공격성도 있어 교우관계에도 문제가 있을 뿐 아니라 학습력도 상당히 뒤쳐져서 2학년임에도 불구하고 아직 한글을 터득하지 못해 글자를 떠듬떠듬 읽고 그 학년의 학습을 따라오기 힘들 정도다. 그런데 호중이의 학부모는 호중이의 상태를 객관적으로 받아들이지 못하고 담임교사가 호중이를 미워해서 그런다고 생각하고 있다.

교사의 대처

호중이는 학년의 다른 친구들에 비해 학습력이 떨어지고 한글을 아직까지 해득하지 못하여 다른 과목 공부까지 문제가 있어서 교사는 나머지 공부를 통하여 학습력을 키워 주려 하였다. 하지만 학부모의 반대에 부딪혔고 학부모와 대화를 통해 해결하려고 시도하였지만 견해 차이가 커서 호중이를 제대로 도와줄 수 없는 처지에서 난처해하고 있다.

교사의 대처 방법 분석

잘한 점

- 학습부진 요소를 해결해 주려고 남겨서 공부를 시켰다.
- 아이의 어머니 의견도 존중하려고 노력하였다.
- 아이의 어머니에게 전화를 걸어 상담을 시도하였다.

개선할 점

- 아이의 어머니에게 교육전문가로서 담임교사의 위상을 확실하게 인식시킨다.
- 아이가 나머지 공부하는 걸 부끄럽거나 지루해하지 않을 수 있게 나머지 공부의 방식을 바꾸어 준다.
- 아이의 어머니가 아이를 객관적으로 파악할 수 있는 기회를 준다.

상담적 접근

일반적으로 할 수 있는 관심과 배려

- 아이 엄마의 경우 시간이 가능하다면 학교에 도우미 교사로 오도록 하여 객관적인 아이의 상태를 파악할 수 있게 한다.
- 아이의 엄마가 교사를 불신하는 태도는 아이에게 해롭다는 것을 알려 준다.

• 아이의 엄마와 상담을 하며 담임교사가 아이에게 구체적으로 어떻게 해주기를 원하는지 알아본다.
• 기대에 미치지 못하는 아이의 학습 능력으로 인하여 상처 입은 어머니의 마음을 위로한다.

구체적인 전략

1단계: 아이의 현주소 알리기

우선 아이의 어머니가 아이의 현실을 받아들이는 것이 우선 되어야 한다. 아이의 현주소를 어머니가 제대로 이해하게 하기 위하여 아이의 어머니를 1일 도우미로 활동할 수 있는 기회를 주어 학교에서 하룻동안 생활을 하면서 학급의 일상을 파악하고, 그 속에서 아이의 모습을 잘 파악할 수 있도록 한다. 만약 어머니가 바빠서 1일 도우미로 참여하기 어려운 경우는 학교에서의 일상생활을 비디오로 찍어 아이의 어머니에게 보여 드리는 방법도 있다.

2단계: 객관적 검사 실시

아이의 어머니에게 객관적인 데이터를 제공하기 위하여 아이에게 각종 심리검사를 실시할 수 있다. 호중이처럼 학습에 문제가 있는 경우는 학습습관 점검, 학업성취동기 점검, 자기주도학습 점검, 학습 집중력 점검 등 다양한 간이 테스트를 이용하여 객관적 데이터를 확보하도록 한다.

3단계: 학부모상담 실시

객관적인 데이터를 바탕으로 아이의 어머니와 학부모상담을 실시한다. 아이의 어머니가 알게 된 아이의 객관적 현주소를 함께 되짚어 보고 어머니가 아이에게 바라는 것이 무엇인지 파악하도록 한다. 이때 어머니의 닫힌 마음을 잘 보듬고 아이 때문에 힘든 점을 충분히 수용하는 호의적 태도를 보이는 것이 중요하다.

4단계: 부모-교사 학습 협력체제 구성

아이의 현재 학습 능력을 객관적인 검사로 진단한 후 여기를 출발점으로 하여 한 단계씩 학습 능력을 높여 나가되 이 과제를 어머니와 교사가 동시에 관리 감독해 가는 구체적 방법을 논의하여 부모-교사 학습 협력체제를 구성한다. 2학년 국어의 경우를 예로 들어 보면 다음과 같다.

급	NO	내 용	학교 확인		학부모 확인	
1	1	받침이 없는 낱말 읽기	학습일	4월 5일	학습일	
			학습 도달	80% 도달	과제 해결	
			가정 과제	오늘 배운 거 복습	학교로 전하는 말	
	2	받침이 없는 같은 글자, 그림끼리 잇기	학습일		학습일	
			학습 도달		과제 해결	
			가정 과제		학교로 전하는 말	
	3	받침이 섞인 낱말 읽기	학습일		학습일	
			학습 도달		과제 해결	
			가정 과제		학교로 전하는 말	
	4	받침이 섞인 관련 있는 낱말 잇기	학습일		학습일	
			학습 도달		과제 해결	
			가정 과제		학교로 전하는 말	
	5	인사말이 되게 잇고 읽어보기	학습일		학습일	
			학습 도달		과제 해결	
			가정 과제		학교로 전하는 말	

교사에게 촌지를 주는 학부모

no.1 선생님, 작은 거예요. 받으세요

no.2 선생님께 돈 주셔서 괜찮대요

교사의 학생에 대한 모든 관심은 촌지에 집중하고 있다고 여기는 경우

교사가 학생에게 꾸중을 하는 것은 학부모에게 촌지를 바라기 때문에 하는 행동이라고 생각하는 경우다.

형석은 2학년 남자아이로 학원에서 미리 배워서 수업시간에 배우는 내용은 이미 알고 있다면서 수업시간에 집중을 못하고 딴짓을 하는 경우가 많다. 그러나 성적은 중간 정도다. 쉬는 시간이나 점심시간에는 위험한 장난을 많이 해서 친구들을 다치게 한다. 학급 규칙에 대해 설명을 하고 벌을 줄 때마다 형석 아버지께서 담임교사를 찾아와 촌지를 주고 도망치듯 교실을 빠져간다. 담임교사가 편지를 써서 다음날 형석이 편에 촌지를 돌려보내면 형석 아버지는 어떤 반응도 없다. 그러나 장난이 심한 형석을 꾸중할 때마다 형석 아버지가 나타나 교사에게 촌지를 건네곤 한다. 담임교사는 형석이의 잘못을 바로 잡아 주고 싶지만 형석 아버지의 행동이 마음에 거슬려 망설이는 경우가 종종 있다.

교사의 대처

담임교사는 형석이가 학원에서 미리 배워 오지만 학교에서의 성적은 그에 비해 좋지 않은 편인 것이 늘 안타깝다. 머리가 명석한 반면, 수업시간의 태도나 사전 학습 준비가 제대로 되어 있지 않아 수업 집중이 어렵고 지필평가 결과는 보통인 반면, 수행평가 결과는 매우 좋지 않기 때문이다. 장난이 심한 형석이를 방과 후 남겨 꾸중을 하면 그 소식을 들은 형석 아버지께서 어김없이 찾아와 돈 봉투를 던지듯 주고 간다. 담임교사는 형석 아버지의 그런 행동에 교사로서의 자존심이 상하고 혹시 자신이 촌지를 받았다는 잘못된 소문이 날까 걱정도 된다. 그래서 동료 교사에게 상의조차 못하고 있다.

교사의 대처 방법 분석

잘한 점

- 아이의 장점을 최대로 향상시키려고 노력하며 바른 인성을 갖춘 아이로 자라게 하려고 노력하였다.
- 거절했을 때 자식 앞에서 당황할 수 있을 아이의 아버지 입장을 배려하여 마음 상하지 않는 방법으로 촌지를 되돌려 주려고 노력하였다.

개선할 점

- 담임교사는 아이의 아버지에 대한 지나친 배려를 하고 있다. 어떤 방법으로든 학부모가 담임교사에게 촌지를 주는 것은 매우 부적절한 행동이고 담임교사는 촌지를 받지 않을 것임을 분명히 아이와 아이의 아버지에게 인식시키는 것이 좋다.
- 담임교사는 촌지를 돌려주고 아이의 아버지로부터 되돌려 받았다는 간단한 사인을 받아오게 하거나 전화로 자신의 생각을 분명히 전달할 필요가 있다.
- 아이에 대한 아버지의 사랑은 바른 것이나 방법이 잘못 되었음을 인식하도록 하는 노력이 필요하다.

상담적 접근

일반적으로 할 수 있는 관심과 배려

- 학부모가 촌지를 주었을 때 교사는 그 자리에서 단호히 거부하여야 한다. 학부모의 입장이 난처해지는 것을 걱정하기보다는 그 행동으로 인해 발생할 수 있는 다양한 문제를 생각해야 한다.
- 학부모가 촌지를 주고 그 장소를 황급히 빠져나갈 때는 학부모를 쫓아가서 촌지를 돌려주어야 한다. 그리고 학부모에게 올바른 방법이 아님을 분명하게 알린다.
- 케이크 밑 칸이나 책 사이에 촌지를 끼워 보내는 경우가 있다. 따라서 교사는 학부모로부터 이런 종류의 선물을 제공받았을 때는 촌지가 들어있는지 잘 살피도록 한다.

구체적인 전략

촌지가 사고로 이어지기 전 필요한 대응 전략

- 먼저 교직원은 스승의 날, 졸업식 등의 행사에서 공개적으로 제공되는

꽃 · 기념품 등 간소한 선물을 받을 수 있으며, 직무수행을 위해 부득이한 경우에 한하여 제공되는 1인당 3만 원 이내의 간소한 음식물 또는 교통 · 통신 등의 편의를 받을 수 있음(공무원행동강령 제14조)을 인지하고 있어야 한다.

- 학부모에게 즉시 촌지를 돌려 주지 못할 상황에서는 즉시 학교 관리자(교감)에게 보고하고 교감은 이 사실을 금품 등 접수 · 처리 대장에 기록한다. 그리고 적극적으로 학부모와 연락을 취하고(유선이나 학생을 통한 쪽지, 직접 가정방문 등) 촌지를 돌려 준다. 이때 학부모와 연락을 취한 형태를 해당 날짜, 시간, 방법 등 기록으로 남기는 것이 좋다.

촌지가 사고로 확대되었을 때 필요한 대응 전략

- 촌지 문제뿐 아니라 교원에게 불리한 처분을 받았을 경우 '교원소청심사위원회'에서 억울함의 타당성을 심사받을 수 있다(「교원 지위 향상을 위한 특별법」[일부개정 2008. 3. 14 법률 제8890호] 제7조에 의함).
  - 교원소청심사위원회(교원소청심사위원회 결정문집17, 2008.08, pp. 375-376)
  - 주소: 서울특별시 종로구 삼청동 25-1 (우 110-230)
  - 전화: 02-3704-1602 FAX 02-3704-1604
  - 홈페이지: www.act.go.kr
- 교육청에 「교육공무원법」 제49조(고충심사)에 의해 규정한 '고충심사청구'를 할 수 있다. 고충심사청구 시 고충을 입증할 수 있는 자료(학생 사실 확

인서, 학생지도일지, 상담일지, 학생 반성문, 학부모의 행태 기록, 폭언 등의 녹취)들을 첨부해야 한다(출처: 전국교직 원노동조합 홈페이지 ➔ 교권상담 ➔ 공개상담 번호 12716).

• 각 교육청 홈페이지를 통해 촌지 신고전담창구를 이용할 수 있다.

자기 아이만 미워한다고 항의하는 학부모

no. 1 진지한 대화가 되질 못하는 엄마

no.2 선생님이 사랑을 안 줘서 그래요

no.3 연락 못 받았어요

4학년 때도 5학년 때도 선생님들마다 학교에서 집중 안 하고 잠만 잔다고 얘기해요. 왜 만날 우리 애만 가지고 그러세요? 왜 우리 애만 미워하냐고요?
우진이를 미워하다니요? 날마다 이렇게 전화하는 저는 힘들지 않은 줄 아세요?
저도 힘든데 어떡하라고 그러세요. 선생님이 우리 애한테 관심이 있으면 만날 그렇게 나쁘게 말할 수 있어요? 선생님이 잘 감싸 주시고 그러면 우리 애가 왜 그래요. 선생님이 학교에서 할 일이 뭔데요?
여보세요. 어머니, 제가 우진이한테 관심이 없으면 이렇게 어머니한테 전화하겠어요? 저도 우진이가 좀 더 잘 됐으면 하고 걱정이 되니까 가정에서도 신경을 써 달라고 부탁드리는 건 데 어떻게 그리 말씀하실 수 있어요?
우리애가 그러는 건 선생님이 사랑을 안 줘서 그래요!
……

교사의 관심을 자녀에 대한 미움으로 곡해하는 경우

학교생활이 불성실하고 매일 지각하는 생활 태도를 지닌 아이에 대해 가정의 협조를 요청하는 교사의 전화 통화를 귀찮고 성가시게 생각하는 엄마다. 아이가 개선해야 될 행동을 꼬집어 짚어 주면 우리 아이만 미워한다고 항의하며 대들고 자기 위주로 말을 하는 경우다.

이혼가정의 5학년 우진이는 엄마 그리고 여섯 살의 여동생과 함께 살고 있으며 정서적으로나 가정적으로 불안정한 여자아이다. 우진이 엄마는 남편과의 이혼 후 생계를 책임지기 위하여 낮에는 수선집에서 일하고 밤에도 유흥업소에서 밤늦게까지 일하느라 퇴근 시간이 거의 새벽이다. 이튿날 아침까지 늦잠을 자느라 아이의 아침밥은 물론 학교 가는 것도 제대로 챙기질 못하여 아이는 항상 지각생이다.

교사의 대처

엄마의 귀가 시간이 늦어져 동생을 돌보다 동생이 잠들면 혼자서 pc게임으로 밤새 시간을 보내는 우진이는 다음날 학교에 와서 잠자는 게 하루 일과다. 엄마에게 도움을 요청했지만 엄마는 삶에 지쳐서인지 아이의 문제보다 자신의 문제로 주체를 못하는 듯하다. 학교생활도 불성실하고 학업성적도 엉망인 우진이의 문제를 부모의 도움을 받아 함께 해결해 보고자 담임교사는 애를 썼지만 엄마는 아이의 부적절한 학교생활을 선생님 탓으로만 돌리고 가정의 역할에는 관심이 없었다.

선생님들이 자기 아이를 사랑하지 않아서 그렇다는 말을 듣고 난 후 배신감에 서운함까지 더한 담임교사도 우진이에 대한 관심과 열정이 한순간에 식어 버리고 말았다. 교사의 관심을 고맙게 생각하기는커녕 아이를 미워한다고 여기는 엄마의 말은 더 괘씸하기 짝이 없었다. 이후 수시로 이름 부르고 간섭하던 일도 줄이고 남겨서 하던 보충지도도 끊어 버렸지만 담임교사의 관심을 엉뚱하게 해석하는 학부모에 대한 서운함과 괘씸함이 못내 가라앉지 않아 교사는 우진이가 전학을 갈 때까지 정신적 스트레스를 받고 교사로서의 능력에 회의를 느끼며 한 해를 보냈다.

학부모와의 갈등이 원인이 되어 아이에 대해서도 곱지 않은 시선이 나가는 걸 스스로 느낄 때마다 정신적인 스트레스를 받아 머리가 아픈 적도 여러 번이다.

교사의 대처 방법 분석

잘한 점

- 아이의 가정환경과 여건을 파악하고 아이의 행동을 주의 깊게 관찰 · 분석하였다.
- 엄마와의 상담을 통하여 아이의 부적절한 행동의 원인을 찾아 개선해 주고자 부모에게 도움을 청하였다.
- 아이의 학교에서의 문제점을 가정과 연계하여 해결해 보고자 노력하였다.
- 자신의 상황을 동료 교사들과 공유하며 대처법을 모색하고자 애를 썼다.

개선할 점

- 엄마와의 대화 중 감정을 조절하지 못하고 함께 격해지기도 하였다.
- 엄마가 현재 처한 상황은 자세히 모른 채 아이의 문제에만 초점을 맞추었다.
- 학부모로부터 받은 스트레스로 인하여 아이에 대한 애정도 식게 되고 아이를 볼 때마다 엄마로부터 받은 불쾌감이 되살아나 하루하루 심리적 긴장과 불편함을 안고 살았다.
- 자신의 정신적 · 신체적 컨디션을 회복하고자 노력하기보다 자신의 능력에 대한 회의를 느끼며 부정적인 감정과 사고에 사로잡혀 불편한 시간을 보냈다.

상담적 접근

일반적으로 할 수 있는 관심과 배려

- 동료 교사를 찾아가 아동교육의 고충을 얘기하며 위로를 받는다.
- 선배 교사를 찾아가 선배 교사의 교직 경험담을 들으며 다양한 학부모의 모습이 있음을 인정하고 스스로 자책하는 마음에서 벗어난다.
- 친한 친구들을 만나 수다를 떨고 술을 마시거나 노래방에 가서 불쾌한 감정을 털어버리고 기분을 전환시킨다.

구체적인 전략

학부모와 상담이 원활히 진행되지 못하는 경우 술이나 노래방을 이용해 상한 마음을 달래 보고자 애를 써 보지만 그것은 일시적인 효과일 뿐 아이와 엄마에게서 받은 스트레스는 쉽게 사라지지 않는다. 교사 자신이 학부모와의 상담 과정에 무엇으로 인해 심기가 불편해지고 화가 치밀어 오르는지 자신을 들여다볼 필요가 있다.

사람들은 겉으로는 현실의 문제 때문에 스트레스를 받는 것처럼 보이지만, 깊이 있게 따져보면 자신이 생각대로 상대방이 행동하지 않거나, 자신이 세운 기준대로 현실 상황이 돌아가지 않기 때문에 스트레스를 받다. 따라서 지속적인 자기 성찰을 통해 뿌리 깊은 신념과 믿음을 정화시켜, 자신 속에서 아집으로 작용하는 규범적 기준이 유연성을 갖도록 노력하는 것이 더 도움이 될 것이다. 더불어 조심스럽고 불편한 학부모와의 관계에서 받은 스트레스는 신경이나 근육 등에 신체적 긴장까지 유발하게 되므로 간단한 이완훈련법을 배워 스트레스에 의한 부정적인 신체 증상을 감소시키고 심신의 평온을 찾아 학교생활의 능률을 기하는 것도 좋은 방법 중 하나일 것이다.

학부모와의 상담과정에 대한 자기 성찰

- 현재 휘둘리고 있는 감정
  - 화, 짜증, 불쾌감

- 이러한 감정을 일으키게 한 상황
  - 엄마의 무례함. 교사에 대한 인격을 모독함
  - 교사가 요구하는 협조 사항을 무시함
- 이러한 상황을 수용하지 못하는 이유 검토
  - 교사로서의 권위 파괴, 자존심 손상, 심신의 피로
- 자신의 이상, 기대, 희망, 삶의 기준, 교육관 등의 신념(내면의 목소리)
  - 학부모를 존중해야 하지만, 나 또한 존중받아야 할 인격체다.
  - 학부모도 교사에게 인간적인 대우를 해 주어야 한다.
  - 나는 교사로서 학부모를 존중해 주고자 하는 사람이다.
  - 나는 자녀교육에 협조하지 않는 부모는 이해할 수 없다.
  - 담임교사를 무시하는 사람은 학부모로서의 기본 자세가 아니며 존중해 주고 싶지 않다.
  - 사람을 무시하는 사람들은 자신도 무시당하는 때가 오는 법이다.
- 신념 이해
  - 나의 신념대로 상황이 전개되지 않았기 때문에 화, 짜증, 불쾌감이 발생한다는 점을 명확히 이해한다. 그리고 학부모는 별의 별 사람이 있다는 것과 나와 똑같은 사람은 전혀 없다는 사실을 이해하고 받아들인다. 이를 거부할수록 더욱 힘들어지게 된다.
- 인정하기
  - 화, 짜증, 불쾌감은 학부모로부터 교사의 말이 무시당했기 때문에 발생

한다고 생각되지만, 사실은 자신의 신념 때문이라는 점을 인정한다.

스트레스 관리를 위한 간편한 호흡법

스트레스를 관리하는 방법에는 생각 바꾸기, 운동, 호흡법, 근육이완법, 대화법, 취미생활, 적절한 수면과 영양 등 여러 가지가 있다. 이러한 여러 가지 방법 중 스트레스 상황에서 나타나는 빠르고 가쁜 숨을 느리고 깊은 호흡으로 바꾸어 긴장을 풀고 마음을 편안하게 하는 방법을 알아둠도 좋다.

[호흡법]

- 편안하게 앉을 수 있는 곳을 선택한다.
- 편안한 자세로 앉는다. 가능한 반가부좌를 하는 것이 좋다.
- 눈을 감고 모든 생각을 끊어 버리고 자신의 호흡에만 정신을 집중한다.
- 숨을 4초간 들이마시고 4초간 내쉰다.
- 자신이 들이쉬고 내쉬는 호흡에 집중한다. 오로지 들이쉬고 내쉬는 호흡에 대해서만 생각한다. 코로만 호흡하도록 한다.
- 부드럽고 규칙적으로 호흡하고 있는 동안 이런 말을 생각한다. '나는 긴장을 풀고 있다. 나는 부드럽고 평온하게 호흡하고 있다. 신선한 공기가 나의 폐 안으로 들어오고 나간다. 나는 차분하고 상쾌하게 느낀다.'

하는 학부모●자녀의 학습에 너무 무관심한 학부모●학교에 지나치게 자주 찾아오는 학부모●내가 한 만큼 돌려받고 싶은 학부모● 교
하는 학부모●언행이 교사에게 호의적지 못한 학부모●자신들의 문제를 교사에게 전가하는 학부모●자기 입장만 이야기 하는 학부모●
못하는 주궁형 학부모●자기 아이를 과대평가하는 학부모●교사에게 촌지 주는 학부모●자기 아이만 미워한다고 항의하는 학부모●아이
믿는 학부모●교사에게 무리한 요구를 하는 학부모●아이의 자신감만 지켜주고 싶은 학부모●학교생활을 스스로 할 수 없게 하는 학부모
모략하는 두 얼굴의 학부모●학급 일을 학교 관리자에게 상의하는 학부모●자녀의 학습에 너무 무관심한 학부모●학교에 지나치게 자주
학부모●내가 한 만큼 돌려받고 싶은 학부모● 교사에게 반말하는 학부모●언행이 교사에게 호의적지 못한 학부모●자신들의 문제를 교
하는 학부모●자기 입장만 이야기 하는 학부모●교사를 믿지 못하는 주궁형 학부모●자기 아이를 과대평가하는 학부모●교사에게 촌지

3 과잉보호가 지나친 경우

교사에게 반말하는 학부모

언행이 교사에게 호의적지 못한 학부모

자신들의 문제를 교사에게 전가하는 학부모

자기 입장만 이야기하는 학부모

교사를 믿지 못하는 추궁형 학부모

자기 아이를 과대평가하는 학부모

교사에게 촌지 주는 학부모

자기 아이만 미워한다고 항의하는 학부모

아이의 말만 믿는 학부모

교사에게 무리한 요구를 하는 학부모

아이의 자신감만 지켜 주고 싶은 학부모

학교생활을 스스로 할 수 없게 하는 학부모

교사를 모략하는 두 얼굴의 학부모

학급 일을 학교 관리자에게 상의하는 학부모

자녀의 학습에 너무 무관심한 학부모

학교에 지나치게 자주 찾아오는 학부모

내가 한 만큼 돌려받고 싶은 학부모

아이의 말만 믿는 학부모

no.1 어머니와의 통화 (1)

no.2 어머니와의 통화 (2)

아이의 말만 듣고 거침없이 항의하는 경우

학교에서는 다양한 문제가 발생할 수 있고 그 문제의 시시비비를 가리기가 어려운 경우도 있다. 하지만 문제가 발생했을 때 아이의 입장에서 아이가 하는 이야기만 듣고 상황을 판단하여 교사의 입장을 곤란하게 하는 경우다.

예원이는 2학년 여자아이이다. 수업 태도도 바르고 주변 정리도 꼼꼼하게 잘 하는 아이이다. 하지만 이기적인 성향이 있어 자기는 장난을 쳐도 다른 사람이 자기에게 장난을 치는 것은 받아들이지 못한다. 물론 집에서는 말 잘 듣고 착한 딸이다. 예원이의 어머니는 예원이의 말을 전적으로 신뢰해서 사건이 생기면 예원이 편에서만 이야기해 문제가 되었다.

교사의 대처

담임교사는 무슨 일만 있으면 예원이 어머니에게 전화를 받았고 그때마다 상황을 설명하느라 애를 먹었다. 예원이와 아이들 사이에 문제가 있는 경우 둘 다 불러놓고 상황을 글로 쓰게 한 후 어머니에게 문제가 발생한 상황이 쓰인 종이를 보내 주었다. 하지만 양쪽의 상황을 모두 보고도 예원이가 조금이라도 불이익을 당했다고 생각하면 어김없이 전화로 불평을 해서 교사와 학부모 사이가 원만하지 않은 채 1년이 지나갔다.

교사의 대처 방법 분석

잘한 점

- 일어난 상황을 객관적으로 전달하려고 노력하였다.
- 문제 상황이 발생하였을 때 관계있는 아이들을 모두 불러 자세한 상황을 글로 쓰게 한 후 가정으로 보내 모두의 입장에서 판단할 수 있도록 하였다.

개선할 점

- 학부모에게 예원이 또래의 발달 과정에 대한 구체적인 정보를 제시하는 것이 좋다.
- 학부모가 흥분해서 이야기할 때 같이 흥분하여 언성을 높이는 것이 아니라 침착하게 상황을 설명할 수 있어야 한다.
- 부모와 대립하기보다 부모의 마음이 풀릴 때까지 들어주는 것도 좋다.

상담적 접근

일반적으로 할 수 있는 관심과 배려

사건 기록하기

- 일단 사건이 발생하면 모두의 입장에서 듣고 해결할 수 있도록 기록을 하도록 한다.
- 기록한 내용을 가지고 모두 모여서 함께 이야기해 한 사람 편에서만 판단

하는 일이 없도록 한다.

구체적인 자료 수집하기

• 아이의 행동을 구체적으로 관찰하고 객관적으로 기록해 부모에게 전달한 후 부모가 모르는 아이의 모습이 있음을 인정할 수 있도록 도와준다.

타인의 입장을 고려하여 말하는 방법 알려주기

• 아이가 자신의 입장만이 아니라 다른 사람의 입장도 생각하고 객관적으로 말할 수 있도록 지도한다.
• 아이가 충분히 납득하고 자신의 잘못도 있음을 인정하고 말할 수 있도록 꾸준히 상담하고, 칭찬과 격려로 보듬어 준다.

구체적인 전략

아동기의 특성에 대한 정보 제공

• 저학년의 경우 자기중심적으로 생각하고 행동하는 특성이 있음을 알려 주고 이러한 특성은 다른 사람들과 생활하고 부딪히면서 점점 이타적으로 바뀌어 가는 것임을 설명해 준다.

- 문제가 있을 때마다 부모가 나서서 해결해 주면 아이가 자기주도적으로 여러 상황에 대처하는 방법을 익히기가 쉽지 않음도 설명한다.

어머니와 신뢰 쌓기

선생님에 대한 어머니의 신뢰가 높을수록 문제는 쉽게 해결될 수 있다. 문제가 있을 때만 통화하는 것이 아니라 '가정통신문' '우리 학급 이야기' 등 다양한 전달 자료를 통해 교사가 하고 있는 교육활동이나 교육관을 가정에서도 알 수 있도록 하는 것이 좋다. 모든 아이에게 공정하게 일관성 있게 대한다는 사실을 가정에서도 알 수 있게 한다면 저절로 믿음이 쌓이고 선생님이 하는 이야기에 대한 신뢰도도 높아질 것이다.

어머니의 마음 들여다보기

- 아이와 관련된 문제가 생길 때마다 어머니는 어떤 생각이나 느낌을 가졌는지 이야기해 본다.
- 그런 생각이나 느낌이 드는 원인에 대해 좀 더 생각해 보고 이야기하는 시간을 갖는다.

이야기 듣는 방법 안내하기

- 아이가 자기중심적으로 하는 이야기를 곧이곧대로만 듣지 않고 여러 가지 질문을 통해 아이 스스로 상대방의 입장에서 이야기할 수 있도록 질문하는 방법을 알려 준다.
- 혹시 아이의 잘못이 있더라도 화내거나 윽박지르지 않고 아이가 자신의 잘못까지 이야기한 용기를 충분히 격려하고 칭찬해 줄 수 있도록 미리 함께 연습한다.

교사에게 무리한 요구를 하는 학부모

no. 1 선생님, 우리 현우 칭찬 좀 해 주세요

no.2 선생님, 저희 현우는 1박 2일만 야영할게요

교사에게 너무 많은 기대를 하고 요구하는 경우

교사가 학생에게 개인적 칭찬이나 격려를 해 주면 자녀의 문제점이 모두 해결될 것이라고 믿어 사소한 것까지 알려 주며 칭찬이나 격려를 해 달라고 부탁한다. 심지어 가정에서 고쳐지지 않는 문제점까지 교사가 고쳐 주길 바라는 경우다.

현우는 주의력결핍 및 과잉행동장애(ADHD)가 의심되는 4학년 남자아이이다. 현우는 어머니가 영어 학원을 운영하고 어렸을 때부터 조기교육으로 선수학습을 많이 하여 또래에 비해 학습력은 앞서는 편이다. 하지만 수업시간에도 가만히 앉아 있지를 못하고 타자를 치듯 손가락을 허공에 대고 정신없이 움직이며 혼자 중얼거린다. 또한 화가 나면 자제력을 잃고 발작을 일으키며 또래 아이들이 잘 사용하지 않는 매우 부정적이고 공격적인 말을 사용한다. 이런 현우를 현우 어머니는 다소 사회성이 떨어지지만 특정 분야에서는 또래 아이들에 비해 월등히 뛰어나고 많은 능력을 지녔다고 보고 있다. 담임교사는 현우 어머니에게 현우가 받는 사교육인 영어, 중국어, 수학, 논술, 바이올린, 드럼 등은 4학년 학생이 감당하기에는 너무 많아 오히려 학교 수업시간의 집중력을 방해하는 것 같다는 의견을 조심스럽게 말씀드렸다. 하지만 현우 어머니는 현우가 원해서 하는 것이고 자신의 집안에서는 자연스러운 일이라며 대수롭지 않게 생각하였다.

얼마 후, 현우 어머니는 전화로 '이번에 현우가 사설기관에서 주최하는 대회에서 상을 탔는데 이 상은 무척 받기 힘든 상이니까 선생님이 공개적으로 칭찬을 해 주면 현우가 더 열심히 공부를 할 것 같다.'는 부탁을 하였다. 현우 어머니는 그 이후에도 수시로 전화를 걸어 이런 저런 요구를 하였다. 특히 4학년 이상 2박 3일 동안 가는 야영에서 '현우는 아직 어리고 사회성도 부족하니 1박 2일만 하고 집으로 데려갔으면 좋겠다.' 는 요구는 담임교사도 들어주기 힘들어 현우 어머니를 설득하느라 애를 먹었다.

교사의 대처

학기 초, 담임교사는 현우가 수업시간에 거의 수업을 듣지 않고 손장난, 딴 생각으로 시간을 보내다 자기 생각과 주변 환경이 맞아 떨어지지 않으면 심한 분노와 발작을 일으키는 것을 현우 어머니에게 진솔하게 이야기하였다. 하지만 현우 어머니는 '현우는 자신의 하루 계획을 성실하게 수행하느라 12시 이전에 잔 적이 없는 아이인데 수업시간에 왜 집중을 안 하는지 잘 모르겠다.' 는 반응을 보였다. 현우 어머니는 공부와 관련된 것에만 초점을 맞추고 현우의 특이 행동에는 관심을 두지 않았다. 담임교사는 열한 살짜리 초등학생이 감당하기에는 지나치게 많은 사교육을 받고, 여기에 부과되는 과제를 해결하느라 12시 이전에 잠을 자지 못함으로써 아이가 지쳐서 수업시간에 집중을 못하고 과잉행동 같은 문제를 일으키는 것 같다는 말씀을 드렸다. 하지만 많은 사교육은 모두 현우가 원해서 하는 것이며, 과잉행동은 공부 스트레스보다는 기질적인 예민함 때문에 생기는 것이라고 하였다. 이런 현우 어머니에게 담임교사는 현우가 기질적으로 예민한 점은 인정하지만 정말 현우가 이 많은 사교육을 받길 원하는지 대화를 해 보도록 권유하였다. 현우 어머니는 그 이후 담임교사에게 자주 전화를 하여 현우 일을 상의하였는데, 주로 예민한 현우를 세심한데까지 배려해 달라는 요구였다. 담임교사는 다른 학생들을 차별하는 요구가 아닌 경우에는 최대한 들어주려고 노력하였다. 하지만 밤늦게 전화가 오는 경우에는 받지 않거나 자신의 자녀만 생각하는 지나친 요구는 정중하게 거절하였다.

교사의 대처 방법 분석

잘한 점

- 아이의 문제행동에 관심을 갖고 원인을 파악하려고 노력하였다.
- 아이 어머니가 아이의 문제행동에 대해 관심을 갖고 진정 아이에게 필요한 것이 무엇인지 생각해 볼 수 있는 기회를 제공하였다.
- 지나친 학부모의 요구에 최대한 객관적으로 판단하고 도움을 주려고 노력하였다.

개선할 점

- 아이의 문제행동을 학부모와 상의하기 전에 교사는 아이의 행동관찰, 면담 및 전문상담교사의 도움을 받아 아이의 문제행동에 대한 좀 더 많은 정보를 파악할 필요가 있다.
- 아이의 문제행동에 대한 원인을 파악하고 치료를 받을 수 있도록 학부모에게 좀 더 적극적으로 권유한다.
- 아이가 스스로 문제행동을 인식하고 개선해 나갈 수 있도록 도와준다.

상담적 접근

일반적으로 할 수 있는 관심과 배려

자녀의 문제를 담임교사가 해결해 줄 것을 기대하고 상담해 오는 학부모

- 아이를 키우는 데 따른 어려움에 대해 공감을 표한다.
- 학부모가 느끼는 불안, 불만 등을 충분히 듣고 수용한다.
- 관련된 정보를 찾아볼 수 있는 서적, 인터넷사이트, 전문기관, 전문가 등을 소개시켜 준다.
- 문제 상황을 정확하게 설명하고 교사와 학교가 할 수 있는 선이 어디까지인지 분명하게 인식시킨다.

진짜 아이를 위하는 길이 무엇인지 잘 모르며 교사에게 무리한 요구를 하는 학부모

- 다른 아이들과 마찬가지로 아이가 규칙을 지켜야 함을 인식시킨다.
- 수업 참관 등 자녀가 단체 속에서 생활하는 모습을 봄으로써 자녀를 보다 잘 이해할 수 있는 기회를 만들어 준다.

구체적인 전략

어떤 학부모를 만나든 교사는 교사로서의 권위를 유지하면서 편안하고 수용적인 분위기를 만드는 것이 기본적인 자세다. 또한 학부모의 의견과 생각을 경청하고 존중하면서도 지켜야 할 한계를 정하고 선을 분명히 그을 수 있어야 한다. 교사에게 너무 많은 기대를 하고 무리한 요구를 하는 학부모에 대해 교사들이 사용할 수 있는 전략에는 어떠한 것들이 있는지 알아본다.

자기 자식에게만 신경써 줄 것을 요구하는 학부모

각자의 부모에게 자기 자식이 가장 사랑스럽고 소중한 만큼 교사는 그렇게 사랑스럽고 소중한 모든 아이에게 골고루 관심을 가진다는 것을 확고하게 보여 준다.

- 개별적인 상담이라면 "최선을 다할 것이다."라고 수용한 후, "모든 아이가 부모에게는 가장 소중하기 때문에 모든 아이에게 고루 관심을 둘 수밖에 없다."라고 부드럽게 이야기한다.
- 다른 사람의 관심을 나누어 갖고, 서로 부딪히는 과정에서 아이의 사회성과 정서가 발달한다는 것을 알려 준다.

무리한 것을 요구하는 학부모

학교의 행사나 학습에서 교칙에 어긋나는 일을 눈감아 주길 바라는 등 교사에게 무리한 요구를 바랄 때는 다음과 같은 태도를 취한다.

- 부모의 무리한 요구에 대해서는 기본적으로 단호한 태도를 가지고 대한다.
- 부모의 의견을 경청하기는 하지만 결정권은 부모에게 없다는 것을 분명히 알려 준다.
- 학교와 가정에서 일관성 있는 계획과 교육이 중요함을 알려 주고 학교교육은 전문 지식을 가진 교사들의 몫임을 알려 준다.
- 현실적으로 무리하거나 불가능한 요구에 대해서는 가능하지 않은 이유를 알려 주고 단호하게 거절한다.

자녀를 객관적으로 파악하지 못하는 학부모

어떤 학부모는 정상적인 아이임에도 불구하고 문제가 있다고 생각하거나, 반대로 지나치게 과대평가를 하기도 한다. 어떤 경우든 부모가 자녀를 객관적으로 보지 못할 때, 교사의 관찰만 가지고 이야기하게 되면 교사와 학부모의 우호적인 관계가 깨질 위험성이 있다. 따라서 이럴 때에는 반드시 검사와 같은 객관적인 자료를 활용해서 다음과 같이 이야기하는 것이 좋다.

- 갑작스럽게 한꺼번에 아이의 문제행동을 알리기보다는 자주 전화 통화를 한다든지, 메모를 자주 주고받는 등 학부모와 어느 정도 친밀감을 쌓은 후

에 한다. 즉, 부모가 교사의 이야기를 긍정적으로 받아들이고 수용할 수 있는 기반을 만든 후 차근차근 하루 일과를 평이하게 이야기하듯 조금씩 아이의 상황을 인식시켜 주는 것이 좋다.

- 아이의 문제점이나 단점을 이야기할 때는 반드시 장점을 함께 이야기한다.
- 교사 자신의 경험과 인상에 의지하기보다는 심리검사나 전문가의 평가와 같은 권위에 의지해서 아이의 문제를 부모에게 알려 준다.
- 아이의 문제와 관련된 소책자나 책을 읽어 보라고 알려 주거나 직접 건네 준다.
- 학교에서 전문가를 초빙해서 아동기 발달장애, 행동장애 등에 관한 강좌를 연다.

아이의 자신감만 지켜 주고 싶은 학부모

no.1 방과 후 공부만큼은 안 했으면 해요

no.2 바보라고 놀림받아 속상합니다

아이가 자존심이 상한다는 이유로 특별보충학습을 거부하는 경우

지훈이는 수업활동 시간에 수동적이고 완성도가 낮은 학습부진아로 방과 후 보충학습이 필요하다. 그러나 학부모는 아이의 학습 상태에 대해 이해하지만 아이가 자존심이 상한다는 이유로 방과 후 활동이나 특별보충학습을 거부하는 경우다.

지훈이는 3학년 남자아이다. 수업활동 시간에 행동이 느리고 적극적이지 못하여 결과물에 대한 완성도가 낮아 지도하는 데 어려움이 많다. 책은 더듬거리며 읽긴 하지만 읽은 내용에 대한 이해도가 매우 낮다. 한 자리수의 계산을 할 수 있으나 3학년 과정에 꼭 배워야 할 내용은 잘 이해하지 못한다. 다른 아이에 비해 새로운 과제에 대한 이해와 문제 해결력이 매우 낮아 어려움을 겪고 있다. 가끔 친구들이 바보라고 놀리기도 한다. 그럴 때마다 지훈이는 얼굴을 붉히기도 하고 때로는 울기도 한다. 방과 후 성취하지 못한 학습에 대해 지도해 보면 응용문제 해결은 잘 못하지만 계산 문제는 해결한다. 하지만 얼마 안 가서 모두 잊어버려 다시 지도해야 한다. 집에서는 방문교사를 통해 학습지를 하고 있으며 단계는 한 자리수의 계산을 하고 있다고 한다.

학부모도 아이의 상태에 대해 알고 있다. 아주 어렵게 얻은 아들이라 방과 후 활동으로 인해 친구로부터 놀림을 받지 않는지, 따돌림을 받지는 않는지, 여러 모로 걱정이 많다. 방과 후 활동이 나머지 공부라는 인식으로 인해 오히려 아이가 자신감을 잃을 것이라고 생각하고 있어 담임교사의 방과 후 보충학습 활동을 떨떠름하게 여기고 있었다.

교사의 대처

교사는 학부모에게 아이의 학습 속도가 너무 느려 방과 후 지도가 꼭 필요함을 강조하였다. 지훈에게 맞는 기초학습을 중점적으로 지도해 나간다면 아이가 학습하는 데 어렵지는 않을 거라고 설득하였다. 현재 가정에서 방문교사를 통해 학습하고 있는 학습 단계를 3학년에 맞는 단계로 상향 조절하여 지도할 수 있도록 하였다. 가정에서의 학습활동이 학교에서의 학습활동의 연장이 될 수 있도록 개인 학습 과제를 부여하였으며, 아이에게 맞지 않은 단계의 학습활동보다 3학년에 맞는 학습에 대한 지도가 이루어질 수 있도록 하였다. 학부모에게 방과 후 활동이 결코 자신감을 없애 버리는 활동이 아님을 강조하였고 방과 후 활동이 있을 때마다 그날 결과를 학부모에게 알려 주었다. 아이에게는 나머지 공부라는 인식보다 과외공부라는 인식을 심어 주었으며, 수학이나 국어과 등에 필요한 간단한 문제를 해결하면 꼭 칭찬을 해 주었다. 의도적으로 난이도가 낮은 질문을 하여 자신감을 키우려고 노력을 하였다. 학급 아이들에게는 지훈이가 이해하지 못할 때는 가르쳐 주고, 잘할 때는 칭찬해 줄 것을 요청하였다. 공부 잘하고 똑똑한 아이를 짝꿍으로 만들어 주고 수업활동 중 도움이 필요할 때 돕게 하였으며, 아이 부모로 하여금 학습에 대해 포기하지 말고 꾸준한 지도가 필요함을 알렸다.

교사의 대처 방법 분석

잘한 점

- 아이의 학습 속도에 맞는 방과 후 활동이 필요함을 부모에게 알렸다.
- 거부하는 부모를 설득하여 방과 후 활동을 하였다.
- 가정에서 하고 있는 한 자리수의 계산 학습지를 자기 수준에 맞는 학습지를 할 수 있도록 하였다.
- 학급 아이들로 하여금 아이를 이해하고 도움이 필요한 경우 돕도록 지도하였다.
- 짝꿍을 만들어 주어 학습활동 시 도움이 될 수 있도록 하였다.

개선할 점

- 아이의 학습활동에 대한 구체적인 전략이 필요하다.
- 학부모의 입장에 대한 이해가 부족하다.
- 아이의 자신감을 향상시키는 다양한 활동을 제공할 필요가 있다.
- 학부모의 걱정에 대한 구체적인 대안이 필요하다.
- 아이의 학습활동에 대해 학부모도 함께 참여할 수 있는 기회를 제공한다.

상담적 접근

일반적으로 할 수 있는 관심과 배려

- 이 경우 교사는 학부모의 걱정이 무엇인지 정확히 파악하여야 한다. 아이가 바보라고 불리는 것 때문인지, 아이가 발달 과정에서 생긴 문제 때문인

지, 아이가 자라면서 겪은 마음의 상처 때문인지 학부모의 의중을 어느 정도 파악한 후 공감해 주고 수용해 준다.

- 교사는 아이의 현재 학습 수준을 미리 알려 주어야 한다. 학부모가 교사에게 상담을 요청해 오면 좋겠지만 그렇지 않으면 교사는 아이의 학부모에게 방과 후 활동이 필요함을 알린다. 학부모가 반대하는 경우 학습 지도에 대하여 교사가 어떻게 하기를 바라는지 학부모의 의견을 수용한다.
- 학부모의 의견에 대해 교사는 방과 후 활동이 필요한 이유를 알리고 아이가 학교에서 공부할 수 있는 시간이나 과제의 양 등에 대해 학부모와 함께 고민하여 결정한다.
- 교사는 방과 후 활동 시 아이의 수준에 대해 정확히 이해하고 학습활동에 참여할 수 있도록 하고 아이의 마음이 상하지 않게 하는 데 최선을 다한다.

구체적인 전략

학부모의 마음 열기 전략

- 교사는 학부모의 의견을 충분히 반영하여야 한다. 아이가 자신감을 가져서 학교생활을 즐겁게 할 수 있도록 하는 것은 학부모나 교사의 공통된 목표다. 따라서 교사는 학부모 입장에서 생각해 보는 것이 중요하다.

- 평상시 아이들 지도를 위해 최선을 다한다.
- 아이를 이해하고 아이 입장에서 생각하고 아이들이 필요로 하는 것을 채워 주려고 노력한다.
- 학부모에게 홈페이지를 통하여 학급에서 일어나는 아이들의 이야기를 제시하기도 하고 필요한 경우 쪽지나 메모지를 이용하여 아이들의 소식을 알린다.
- 교사는 학부모의 신뢰를 얻는 것이 중요하다. 신뢰를 얻으려면 아이를 대할 때 진솔한 모습을 보인다. 교사는 자신의 인생관, 가치관, 교육관을 올바르게 가져야 한다. 문제 발생 시 '상식' 선에서 풀어 나간다면 학부모의 이해를 구할 수 있다.
- 학부모와 의사소통 방법으로 학부모 통신이 있다. 학부모 통신으로는 알림장, 유인물, 학급 홈페이지나 카페 등을 활용한다. 일방적인 통신보다는 무기명 답신도 할 수 있는 방안을 강구한다. 작은 쪽지나 문자 메시지를 활용하고 학습 결과물을 가정으로 보내기도 한다. 모둠활동 일기나 학급 문집 신문 등에 학부모의 참여를 이끌어내기도 한다.

아이에 대한 교사의 전략

- 이 경우 학업 성취도가 낮아 학습은 물론 학교생활까지 어렵다. 따라서 교사는 학부모에게 아이의 현재 학습 수준에 대해 자세히 설명해 줄 필요가

있다. 아이의 부족한 부분에 대해 학부모와 함께 의견을 나누고 방과 후 공부할 수 있는 시간과 과제 등을 구체적으로 정하여 실시한다. 교사는 아이의 학습 습득 내용을 쪽지나 알림장을 이용하여 학부모에게 알려서 아이의 현재 상황에 대하여 관심을 갖도록 한다.

- 아이가 잘하는 것, 취미, 좋아하는 것이 무엇인지 파악하여 필요한 경우 활용한다.

교사, 엄마와 함께 학습하기 전략(주의력 높이기 중심)

[기억을 돕는 기술(활동 순서)]

- 서로 관련 있는 물건 보여주기(예, 학용품, 색칠 도구 등)
- 엄마와 함께 물건 이름 소리 내어 말하기
- 아이와 엄마가 눈감게 하고 한 가지 물건 치우기
- 어떤 물건이 없어졌는지 찾기(엄마는 일부러 틀리게 말하기)
- 알아맞히면 강화하기
- 물건의 개수 추가하여 비슷한 활동 반복하기
- 관계없는 물건 찾기

[상황을 정하고 엄마와 아이가 돌아가며 필요한 물건을 말하며 목록 만들기]

- 나는 학교에 지우개를 가져 갈 거야.
- 나는 학교에 지우개, 연필을 가져 갈 거야.

- 나는 학교에 지우개, 연필, 필통을 가져 갈 거야.
- 나는 학교에 지우개, 연필, 필통, 책을 가져 갈 거야.
- 간단한 단어 입 모양 보고 맞히기
- 잘 기억하지 못하는 경우 반복하여 놀이를 한다.

학교생활을 스스로 할 수 없게 하는 학부모

no. 1 아무 일 없는데 그냥 들어다 주신 거예요

no.2 아픈데 없어도 매일 그래요

지나치게 아이를 챙기는 경우

아이가 귀하고 조금 부족하다는 이유로 학교까지도 졸졸 따라다니며 아이가 할 일을 엄마가 다 해 준다. 따라서 아이 스스로는 자기 일도 못하고 무슨 일을 하려면 엄마나 교사의 눈치부터 살피는 경우다.

미진이 엄마는 3학년인 아이가 다른 아이들에 비하여 조금 부족하다는 이유로 집에서는 물론 밖에서까지도 아이 스스로 할 수 있는 일도 가능하면 막았고 유치원 때부터 초등학교 3학년인 현재까지도 책가방, 보조가방, 우산 등을 교실까지 들어다 준다. 교실에 와서는 아이의 물건을 일일이 챙겨 주고 심지어 수업 준비까지 해 준다. 그러고도 모자라 집엘 가지 못하고 교사가 없는 틈을 타 아이 곁에서 맴돌다 학습에 필요한 것들을 챙겨 준다. 언행으로 보아 엄마는 조금 부족해 보였다.

교사의 대처

3학년을 담임한 이튿날 미진이 엄마가 교실까지 들어와서 아이를 챙기는 모습을 보고 아프지도 않은 정상적인 아이에게서는 처음 보는 풍경이라서 의아스러웠다. 미진이는 조금 느리고 소극적으로 보였지만 장애가 있는 것처럼 보이지는 않았는데, 엄마는 교실에 들어와서 책상, 책가방을 정리해 주는 것이었고 이유를 묻는 담임교사에게 어색한 표정만 지을 뿐 아무 말도 하지 않았다. 다만, 담임교사가 일찍 출근한 바람에 들켜서 어쩌나 하는 표정뿐이었다. 아이들 말로는 유치원에 다닐 때부터 지금까지 엄마가 매일 이런 모습을 보였다고 했다. 미진이에게 이유를 물으니 힘없는 목소리로 모른다고만 하고 고개를 숙였다. 엄마와 상담 결과 미진이는 부모가 늦은 나이에 간신히 얻은 하나밖에 없는 귀한 아들이었다. 그런데 키가 작고 부족한 듯해서 학교생활을 못할까 봐 도와주는 것뿐이라고 하였다.

며칠 관찰한 결과로는 자신감이 없고 느리고 눈치를 보며 성적이 조금 부진하긴 해도 교사의 말도 잘 듣고 친구들과도 잘 지내는 등 학교생활 하기에 문제는 없었다. 학습부진의 문제는 교사와 우수아의 지도를 받으면 극복할 수 있는 정도였다. 가끔 엄마에게 과잉보호의 단점을 이야기하며 아이가 할 수 있는 일은 아이 스스로 하게 두어야 한다고 강조하면서 다른 아이들이 엄마의 도움이 없어도 학교에 잘 다니는 것처럼 미진이도 그래야 하니 혼자 다니도록 해달라고 부탁하였다. 미진이 엄마가 교실까지 오지 않는 날도 있어서 아이 혼자 온 건지 물어보면 교문까지 데려다 주고 엄마는 놀이터에 있다고 하였다.

엄마는 습관화된 행동이라서 그런지 담임의 눈치를 보아 가며 같은 행동을 반복하였다. 이야기한 며칠 뒤에 혼자서도 잘하고 있으니 걱정 말고 무슨 일이 있으면 교사가 돕겠다고 하는데도 그런 행동이 줄어들지 않았다. 매일 아이가 끝날 때까지 학교에 있는 것은 아니었지만 어느 때는 쉬는 시간에도 가끔 교실을 들여다보며 아이를 관찰하였다. 그러고는 교실 주변을 맴돌다가 교사와 얼굴이 마주치면 살짝 피했다가 다시 들여다 보곤 하였다. 그리고 하교 시간이 되면 영락없이 나타나 아이의 물건을 챙겨 들고 아이를 앞세워 돌아갔다. 교사가 돌봐준다는데도 믿지 못하고 아이의 주변을 맴도는 엄마의 심리가 안타까웠다. 그러나 귀한 아이라서 그런다는데 뭐라고 말하기도 힘들었다. 그리고 엄마가 나타나지 않은 날 문제라도 발생하면 담임교사의 입장이 곤란해질 수 있다는 생각도 들었다. 그러다가 엄마와 교사 사이에서 힘들어하고 있는 아이의 입장이 딱하기도 해서 더 이상은 신경쓰지 않았다. 미진이 엄마는 교사의 말은 알아듣는 듯하나 자녀교육의 방법은 모르고 있었다.

교사의 대처 방법 분석

잘한 점

- 엄마가 아이의 가방을 교실까지 가져온 것과 수업 준비를 챙기는 행동을 예사로 보지 않았다.
- 엄마의 행동을 보고 아이에게 문제가 있는지 살폈다.
- 엄마의 행동을 수정해 보려고 엄마와 상담을 하였다.
- 아이를 통해서 엄마의 행동을 수정해 보려고 노력하였다.

개선할 점

- 아이 엄마가 아이가 귀해서 하는 행동에 대해서 공감해 줄 필요가 있다.
- 엄마의 행동에 대한 아이의 생각과 느낌을 알아보고 도움을 준다.
- 아이 스스로 자신의 일을 해 나갈 수 있는 프로그램을 마련한다.
- 조심스럽게 아이 엄마에게 전문 상담을 추천한다.

상담적 접근

일반적으로 할 수 있는 관심과 배려

- 아이 엄마의 마음을 읽어 준다. 미진이 엄마의 입장에서 보면 미진이는 늦게 얻은 아이라서 귀하기 그지없다. 그 귀한 아이가 조금 모자란다니 엄마의 마음은 몹시 안타까울 것이다. 더구나 끔찍한 어린이 유괴도 많이 발생하고 있으니 어쩌면 엄마가 보이는 불안감은 당연할지도 모른다.
- 교사는 엄마가 학교에 쫓아 다니지 않아도 아이가 해야 할 일을 돕는 도우미제도를 실시한다.
- 엄마는 아이가 친구들의 도움을 받아가며 스스로 학교생활을 한다고 하여도 그동안 해 왔던 습관이 있는 터라 불안해하며 학교 주변을 맴돌 가능성이 매우 크다. 이런 점도 이해하고 엄마의 행동이 점차 줄어들 수 있도록 하여야 한다.

구체적인 전략

교사가 지켜본 아이는 엄마가 매일 따라 다니며 모든 일을 참견해야 하는 상황은 아니었다. 다만, 아이를 혼자 보내지 못하는 엄마의 불안감 때문에 해 온 행동이었다. 따라서 구체적 전략에서는 우선 아이의 행동을 변화시키는 데 초점을 두고, 아이의 행동이 변화함에 따라 엄마 역시 달라질 수 있는 방법을 찾아본다.

아이가 생각하는 엄마 행동의 의미 알아보기

[엄마의 행동을 어떻게 생각하는가]

아이가 친구들의 엄마와 매우 다른 자기 엄마의 행동에 대해서 어떤 생각을 하고 있는지 알아보아야 한다. 만약 창피하게 여기거나 싫다고 할 경우에는 엄마가 아이를 너무 사랑하고 귀하게 여겨서 그런 것이라고 긍정적인 생각을 갖도록 말해 주어야 한다.

[엄마가 모든 것을 해 주기 때문에 짜증이 나거나 불편한 점은 없었는가]

엄마가 하는 행동이 모두 자기를 편하게 하는 일이라거나 좋다고만 한다면 스스로 하기의 중요성을 이야기하며 다음과 같은 내용을 다루어 볼 수 있다. 이때 감정 표현을 할 수 있게 도움을 주면 더욱 좋다.

- 책가방 챙기기, 수업 준비는 혼자 얼마든지 할 수 있는데도 못하게 해서 짜증난다.
- 쉬는 시간에는 친구들과 신나게 놀고 싶은데 엄마 때문에 눈치가 보인다.

- 집에 갈 때도 친구들과 함께 가면서 이야기도 하고 군것질도 하고 싶다.
- 친구들과 놀이터에서 실컷 놀고 싶은 데 그러지 못해서 답답하고 스트레스가 쌓인다.
- 친구 집에 놀러가 보고 싶은데 엄마가 따라 다녀서 속상하다.
- 엄마가 없으면 아무것도 못한다고 친구들이 '마마보이' 라고 놀린다. 내가 바보 같은 느낌이 든다.
- 내가 할 수 있는 일도 엄마가 일일이 해 주니까 내가 아기 취급을 당하는 것 같아서 친구들에게 창피하다.
- 친척집에 가면 아직도 아기처럼 엄마가 다 해 주느냐고 놀려서 친척집에 가고 싶지 않다.
- 등하교 시에 함께 오고 가면서 엄마가 잔소리를 너무 많이 해서 지겹다.

[엄마가 지금처럼 모든 것을 다 해 주게 되면 아이에게 어떤 일이 생길까]

아이의 수준에 맞게 앞으로 발생할 수 있는 다양한 문제점을 찾아보게 한다.

엄마와 상담하기

아이의 엄마는 매일 반복하는 일이라서 자신의 행동에 어떤 의미가 있는지 모를 수도 있다. 더구나 상담 결과 교육적인 식견이 없어서 아이가 스스로 자신의 일을 하도록 지도할 능력이 없었다. 다른 학부모의 의견도 듣지 않고 혼자 고집스런 행동을 하고 있었다.

[엄마 스스로 자신의 행동에 대한 생각이나 느낌 알게 하기]

- 매일 아이를 따라다니면서 어떤 생각을 하는가?
- 엄마의 행동이 아이에게는 어떤 영향을 줄지 생각해 본 적은 있는가?
- 지금과 같은 행동을 언제까지 할 것인가?
- 다른 엄마들과 자신의 행동을 비교해 본 적이 있는가?
- 아이는 엄마의 행동에 대해서 어떤 생각을 하고 있는지 알고 있는가?
- 엄마의 행동을 앞으로도 지속한다면 아이는 어떻게 자라게 되겠는가?
- 아이와 다른 아이의 태도에서 다른 점을 발견한 것은 없는가?

[아이가 생각하는 엄마의 행동에 대해 의견 나누기]

교사는 엄마와 상담하기 전에 아이와 상담한 결과를 가지고 엄마의 행동에 대해서 아이가 가지고 있는 생각을 이야기해야 한다. 이때 엄마가 서운해 할 수 있는 내용에 대해서는 순화시켜서 전달할 필요가 있고 교사와 아이가 나눈 이야기로 엄마가 아이를 야단칠 만한 요소를 만들지 않도록 한다.

[학교에서 보이는 아이의 문제점 이야기 나누기]

교사가 관찰한 아이의 태도에서 과잉보호로 인해서 발생한 듯한 행동 특성을 알려 주고, 개선할 수 있도록 도움을 준다는 약속과 함께 아이의 문제를 개선하는 데 가장 중요한 역할이 엄마임을 강조한다. 아이가 보이는 문제점들은 다음과 같다.

- 놀고 싶은 친구가 있어도 다가가지 못하고 친구들이 놀자고 해도 자신 있게 놀지 못함
- 수업 준비를 제때에 하지 못함
- 청소시간이나 어떤 일을 할 때는 눈치를 봄
- 집중력이 떨어짐
- 발표를 시키면 겸연쩍게 웃고 자신감이 없음

[아이가 문제를 개선하기 위한 다짐하기]

아이 엄마는 오랜 동안의 습관도 있고 부족한 면이 있어서 교사가 심각하게 이야기해도 스스로는 개선할 수 있는 능력이 없다. 이런 점을 고려하여 담임교사는 교육전문가로서 자신을 내세우며 교사가 요청하는대로 협조해 줄 것을 부탁한다.

[자신의 행동 들여다보게 하기]

아이를 위해서 엄마가 매일 하고 있는 일에 대해서 스스로 어떤 생각을 하고 있는지 다음과 같은 질문을 해 본다.

- 아이 때문에 매일 학교에 오는 일이 힘들지는 않는가?
- 아이를 매일 학교에 데려다 주면 마음은 어떤가?
- 아이 혼자서 학교에 가도록 해 볼 생각은 한 적이 있는가?
- 아이 혼자서 학교에 가면 어떤 일이 생길 것 같은가?

- 아이를 데려다 주고 학교 끝날 때까지 학교 주변에서 무엇을 하고 있는가?
- 아이 때문에 집안일을 덜하게 될 텐데 지금하고 있는 행동 때문에 집안에 지장을 주는 일은 없는가?
- 다른 엄마들에게서도 이런 행동이 발견되는가?
- 엄마의 행동을 아버지께서는 어떻게 생각하시는가?

[엄마의 지금 행동이 지속되면 어떤 일이 생길 것 같은가]

엄마가 지금의 행동을 계속 할 경우 아이에게나 부모에게 어떤 문제가 발생할 것인지 질문을 한다. 만일 답하지 못하면 담임교사가 나서서 적극 알려 준다.

- 아이의 힘으로는 어떤 일도 해결하기가 어렵다.
- 아이가 커갈수록 부모만 의지하게 되면서 어릴 때보다 훨씬 다양하고 어려운 상황을 만들어 내어 부모가 감당할 수 없을 수도 있다.
- 욕구불만을 이겨내는 힘이 약해지고, 자립심이 부족해지며, 의타심만 커진다. 집 밖에 나가면 자신이 없어지고 우유부단해지며, 친구와의 관계도 원만하지 않다.
- 부모가 해 주는 대로 살았기 때문에 사회생활도 못하여 직장에 다니기가 어려워지면 결국은 부모만 고생하는 일이 발생한다.
- 지나친 과잉보호가 오래 지속되면 아이는 물론 부모 형제도 힘들어지는 고통을 당하게 될 수 있다.
- 결혼을 하고 나서도 엄마에게 의지하는 일이 발생할 수도 있다.

• 부모가 아이를 위해 해 줄 수 있는 일 중 가장 중요한 것이 자립심을 키워 줘서 스스로 살아갈 수 있도록 해 주는 것이다.

[엄마에게 자신만의 시간을 갖도록 도와주기]

지금까지는 아이가 어렸기 때문에 쫓아다니며 도움을 주었으나 이제는 아이 스스로 할 수 있는 나이도 되었고 하는 행동으로 보아 엄마가 돕지 않아도 된다는 것을 알려 준다. 아이와 함께하던 시간을 다른 곳으로 돌려 아이의 학교생활에 대한 불안감을 없애고 자신과 아이에게 도움도 되는 활동을 권해 본다. 즉, 아이를 위한 요리 배우기, 집안 청소, 책 읽기, 아이와 함께할 수 있는 놀이 배우기, 취미생활, 아이에게 가르쳐 줄 수 있는 것 배우기, 남편을 위한 일 등.

아이 스스로 자신의 일을 하도록 돕기

엄마가 도와주는 일 중에 미진이가 스스로 쉽게 할 수 있는 것, 약간의 도움이 필요한 것, 도움이 많이 필요한 것 등으로 목록을 나누어 작성한 뒤에 쉬운 일들부터 스스로 해나가는 습관을 들인다. 교사는 매일의 점검을 통하여 아이에게 습관이 들도록 한다. 주의할 점은 아이를 통해서 엄마를 변화시켜 보자는 것이지만 갑자기 엄마가 하던 일을 완전히 그만두라하면 엄마는 더욱더 불안해하고 교사를 믿지 못할 것이다. 그러므로 엄마의 행동을 차츰 줄여 나가는 방식을 사용하고 엄마의 행동을 줄이는 만큼 교사와 친구들이 도울 것이니 전혀 걱정하지 말라고 부탁한다. 이때 아이들은 어른들이 생각하는 것보다 훨씬 능력이 있어서 잘해 낸다는 것을 이야기하며 안심시킨다. 그리고 아이의 상황을 자주 알려서 아이가 자라고 있는 모습을 알도록 한다.

다음과 같은 표를 이용하여 지도해 보자.

내 스스로 할 수 있어요

날 짜	스스로 한 일	하고 난 느낌	엄마의 말이나 행동	교사 확인
11/12	집에서 책가방 챙김	힘이 들었지만 기분이 좋음	가만히 쳐다보심	
〃	교문에서부터 교실까지 책가방 가지고 옴	가방이 무거웠지만 좋았음	교문까지만 내 가방을 가지고 오심	
11/13	수업 준비를 내가 함	내가 해도 잘할 수 있다. 친구들이 도와줘서 좋다.	교실 밖에서 쳐다보심	
〃	친구들과 집에 같이 감	친구들이랑 같이 가서 친구와 친해져서 좋았음	장하다고 칭찬하심	
11/14	수업을 마치고 집에 가기 전에 가방을 내가 챙겼음	혼자는 책가방을 못 챙기는 줄 알았는데 나도 잘 챙길 줄 알다니!	교실 밖에서 웃으면서 쳐다보심	

●자신들의 문제를 교사에게 전가하는 학부모●자기 입장만 이야기 하는 학부모●교사를 믿지 못하는 추궁형 학부모●자기 아이를 과대
학부모●교사에게 촌지 주는 학부모●자기 아이만 미워한다고 항의하는 학부모●아이의 말만 믿는 학부모●교사에게 무리한 요구를 하는
이의 자신감만 지켜주고 싶은 학부모●학교생활을 스스로 할 수 없게 하는 학부모●교사를 모략하는 두 얼굴의 학부모●학급 일을 학교
상의하는 학부모●자녀의 학습에 너무 무관심한 학부모●학교에 지나치게 자주 찾아오는 학부모●내가 한 만큼 돌려받고 싶은 학부모●
반말하는 학부모●언행이 교사에게 호의적지 못한 학부모●자신들의 문제를 교사에게 전가하는 학부모●자기 입장만 이야기 하는 학부
믿지 못하는 추궁형 학부모●자기 아이를 과대평가하는 학부모●교사에게 촌지 주는 학부모●자기 아이만 미워한다고 항의하는 학부모
말만 믿는 학부모●교사에게 무리한 요구를 하는 학부모●아이의 자신감만 지켜주고 싶은 학부모●학교생활을 스스로 할 수 없게 하는 학

4 부적절한 모습을 보이는 경우

교사에게 반말하는 학부모

언행이 교사에게 호의적지 못한 학부모

자신들의 문제를 교사에게 전가하는 학부모

자기 입장만 이야기하는 학부모

교사를 믿지 못하는 추궁형 학부모

자기 아이를 과대평가하는 학부모

교사에게 촌지 주는 학부모

자기 아이만 미워한다고 항의하는 학부모

아이의 말만 믿는 학부모

교사에게 무리한 요구를 하는 학부모

아이의 자신감만 지켜 주고 싶은 학부모

학교생활을 스스로 할 수 없게 하는 학부모

교사를 모략하는 두 얼굴의 학부모

학급 일을 학교 관리자에게 상의하는 학부모

자녀의 학습에 너무 무관심한 학부모

학교에 지나치게 자주 찾아오는 학부모

내가 한 만큼 돌려받고 싶은 학부모

교사를 모략하는 두 얼굴의 학부모

no.1 교장실에서

no. 2 학부모와의 전화 통화

집요하게 교사를 불편하게 하는 학부모

교사를 모략하고 곤경에 빠트리고자 전화나 상부기관의 인터넷 게시판을 이용해 집요하게 공격하는 경우다.

경락이는 6학년 남자아이다. 주변 친구들에게 마마보이라고 불린다. 학업 성취도는 높은 편이나 행동이 다소 산만하고 주변 정리를 스스로 잘하지 못하며, 매사에 의욕이 없다. 학년 시작 첫날 담임교사와의 면담을 요청해 왔고 그동안 아이 문제로 상담을 받아 온 자료를 준비해 와서 상황을 의논하는 솔직한 학부모의 태도에 담임교사는 진심으로 경락이의 적응을 돕고 싶었다. 그러나 그 학부모는 교사 앞에서 이야기할 때와는 달리 뒤에서는 이런 저런 말들을 문제삼아 집요하게 교사를 불편하게 한다.

교사의 대처

경락이의 어머니는 새 학년 첫 날 담임과의 면담을 신청해 왔다. 그동안 학교 부적응 문제로 인하여 개인적으로 상담을 받아오고 있었으며 그 과정을 담은 참고자료를 갖고 와서 새 학년 담임과 상담을 하고자 했던 것이다. 담임교사는 아이의 교육에 많은 관심과 열의를 갖고 자녀의 문제를 솔직하게 이야기해 오는 것이 고맙게 생각되어 아동문제에 더욱 관심을 갖고 지도에 임하였다.

그러는 동안 경락이 어머니는 친분이 있는 다른 어머니들을 상대로 담임교사를 헐뜯는 이야기를 한다거나 게시판을 이용한다거나 교장실로 연락하여 담임교사를 곤란하게 하고 있었다.

담임교사는 전화를 걸어 사실 여부와 그 사유를 확인하고자 하였고, 그때마다 경락이 어머니는 아주 상냥한 말씨로 오해하시지 말라고 하여 더욱 혼란스럽게 느껴졌다. 2학기에 들어서는 연락도 없이 경락이는 장기 결석을 했고, 가정으로 연락을 취해 본 결과 해외로 단기 유학을 나갔다고 했으며, 해가 바뀌어 졸업식 날이 되어서야 모습을 볼 수 있었다. 담임교사로서는 그 사이 행정적인 처리를 통해 아이를 관리할 수밖에 없었다.

경락이가 학교에 나오지 않는 동안 경락이의 어머니로부터 휴대전화 문자를 세 차례 받았다. 내용은 담임교사를 원망하는 내용이었다. 그동안은 담임교사가 보이지 않는 곳에서 이루어졌던 모략하는 말들을 이제는 담임에게 직접적으로 표현해 왔다. 담임교사는 그런 전화로 인해 그 해가 바뀔 때까지 너무나 마음 고생이 많았고 정신적으로 시달림을 받은 기분이어서 개인적으로 상담까지 받았다. 후에 들은 바로 그 어머니는 경락이가 전학 오기 전에 다녔던 학교에서도 비슷한 상황을 만들었다고 한다. 경락이의 담임을 맡았던 교사에 대하여 자신의 아이를 무시하였다는 이유로 인터넷 게시판에 비난의 글을 올려 교사를 괴롭혔다는 것이었다. 담임교사는 그런 경락이의 어머니가 아이가 졸업한 후에도 불쑥 문제를 더 크게 확산시켜 곤란에 빠뜨리지는 않을까 해서 매우 고민이 되었다.

교사의 대처 방법 분석

잘한 점

- 부모에게 상담을 의뢰 받았을 때 아이에게 열의를 갖고 지도하려 노력하였다.
- 담임교사에게 간단한 연락조차 없이 해외 유학을 간 일에 대해 감정을 앞세우기보다 행정적인 절차에 따라 적법하게 처리해 놓은 점은 현명한 일이다.

개선할 점

- 감정적으로 대하지 않고 이성적으로 대처하는 것이 좋다.
- 일련의 과정을 기록할 필요가 있다.
- 동료나 선배 교사들과 상의하여 해결 방안을 함께 모색한다.

상담적 접근

일반적으로 할 수 있는 관심과 배려

- 아이의 부모를 대할 때 이성적인 태도를 취한다. 상대방의 말에 감정을 다쳐 사실과 연관성이 먼 불필요한 감정싸움으로 발전되지 않도록 하기 위함이다. 가능한 한 사실에 대한 이야기만 나누고 문제 상황과 관련된 점들만 이야기하는 것이 좋다.
- 상대방의 이야기를 충분히 들어본다. 이는 문제시 하는 학부모의 의도나

원인을 짐작하는 데 도움이 될 것이다. 원인 파악이 잘 되면 오해가 생겼을 때 해결의 실마리를 찾을 수도 있기 때문이다.

- 관리자나 주변 동료 교사들에게 조언을 구한다. 이는 문제 사실을 알리는 효과도 있다. 문제가 불거진 과정을 자세히 알리면 조언을 받을 수도 있고 문제가 확산 되었을 때 도움을 받을 수도 있다.

구체적인 전략

문제 상황을 파악하기

아이의 부모를 처음 대한 상황부터 그간 오고간 과정을 짚어 보고 이런 상황이 만들어진 원인을 파악해 본다.

과정을 기록하기

처음 아이 어머니를 만난 날에 있었던 일들을 메모해 둔다. 주고받은 대화 내용이나 그때의 반응들까지 가능한 상세히 메모해 두고 자료를 남겨두는 것이 좋다. 통화를 녹음할 수 있다면 녹음 파일, 오고간 서신이 있다면 편지나 전자메일과 문자 등을 잘 보관해 두면 더욱 객관적 자료가 될 수 있다. 아이의 부모가 교사의 앞과 뒤에서 행동하고 말한 내용이 일치가 되지 않을 때에 이런 자료들은 나중에 큰 증거 역할을 할 수 있다.

자신의 의견을 효과적으로 전달하기

학부모와의 관계에서 적절한 대화법이나 자신의 의견을 잘 전달하는 훈련이 필요하다. 교사는 감정 처리를 잘하여 자신의 생각을 효과적으로 전달함으로써 문제 해결에 좀 더 가까이 다가설 수 있다.

다음의 단계를 참고하여 자신의 의사를 바르게 전달하는 훈련을 해 본다.

- 상대방이 자신에게 한 말에 담긴 그의 감정 상태를 적어 본다.
- 그 당시 나에게 생긴 감정을 적어 본다.
- 당시 상황이라고 생각하고 상대방에게 해 주고 싶은 말을 적어 본다.
- 해 주고 싶은 말을 상대방에게 해 주었을 때 상대방의 반응(말이나 감정)을 떠올려 보고 자신의 감정도 함께 떠올려 본 후 적어 본다.
- 이 과정을 통해 안정된 감정이 떠오른다면 의사 표현이 적절했다고 볼 수 있다. 만약 자신의 감정이 여전히 혼란스럽다면 3단계로 돌아가 다른 말을 떠올려보고 4, 5단계를 거쳐 다시 자신의 감정을 짚어 본다. 이때 그 결과가 단순히 감정적인 통쾌함 뿐만 아니라 문제 상황을 호전시킬 수 있는 대응이었는지도 함께 고려해 보는 것이 좋다.

집요하게 나쁜 감정을 표현하며 공격해 오는 경우에 대처하기

만약 휴대전화를 통해 감정을 상하게 하는 내용의 문자가 온다면 우선 감정적으로 동요되지 않아야 한다. 그리고 만일의 경우에 대비하여 문자 내용을 삭제하지 말고 따로 보관해 두는 것이 좋다. 혹시 감정적으로 소화되지 않고 신경이 쓰인다면 휴대전화 기기에 따라 '스팸번호'로 등록하여 내용에 접하지 않도록 처리하거나 다른 사람의 번호로 생각 하게끔 '누구인데, 이런 내용을 보내느냐? 이로 인해 번거롭고 괴로우니 이런 일이 계속 된다면 적절한 절차를 밟아 처리하겠다.'는 내용으로 회신하거나 번호를 바꾸는 방법을 취하도록 한다.

행여나 직접 전화를 걸어오는 경우가 있더라도 의도적으로 받지 않는 것이 좋으며 피치 못하게 통화가 이루어지는 경우 녹취를 하고 있음을 알리고 실제 녹취해 두면 더욱 유용하다. 이런 경우 직접 찾아오는 경우는 드무나 혹시 대면을 해야 하는 상황이 생기면 관리자나 동료 교사에게 요청하여 동석하도록 한다.

학급 일을 학교 관리자에게 상의하는 학부모

no.1 김 선생, 준용이 혼냈다면서

no. 2 우리 아빠가 누군지 알아

학급에서 일어난 일을 담임교사가 아닌 교장선생님에게 상의하는 경우

학급에서 일어나는 사소한 일들의 해결 방안을 담임교사가 아닌 교장선생님과 상의하기를 서슴지 않는 경우다.

초등학교 4학년인 준용의 아버지는 학교운영위원장이다. 학교 곳곳에 CCTV를 자비로 설치해 주고, 이것저것 필요한 것이 있으면 자기 돈을 들여서라도 적극적으로 동참하는 학부모로 교장, 교감 등과 매우 절친한 사이이다. 반면 준용이는 성적이 낮은 편이고 친구들과 싸움이 잦다. 꾸중을 하면 준용이는 자기 잘못보다는 상대의 잘못이 더 크다면서 억울하다고 주먹으로 책상을 쾅쾅치거나 괴성을 지르는 등의 행동을 보인다. 담임교사는 학교에 오신 준용의 아버님을 만나지만 준용이의 이야기를 나눈 적은 없고 서로 눈인사만 할 뿐이다. 준용이가 선생님께 꾸중 들은 일을 부모님께 이야기하거나 심각한 상황에 대해 담임교사가 집으로 전화해서 알려 주면 다음날 교장이나 교감 선생님께서 담임교사를 불러 학급에서 있었던 준용의 일에 대해 꼬치꼬치 물으시고 학교운영위원장 아들이므로 특별한 관심을 부탁하곤 한다.

교사의 대처

담임교사는 준용이가 학교일에 적극적으로 협조해 주시는 아버지를 존경하는 것은 좋지만 친구들 앞에서 지나치게 자랑하며 아버지를 내세우는 행동을 고쳐 주고 싶다. 자신에게 무슨 일이 있으면 아버지를 통해 교장 · 교감 선생님께서 무조건 도와주실 것이라고 친구들 앞에서 공공연히 떠들고 다니는 모습도 아이답지 않다는 생각이 든다. 학교에 자주 오시는 아버지를 뵐 때마다 준용이의 이런 모습을 의논하고 싶지만 아버지는 여교사인 담임교사를 부담스러워하는 것 같은 표정을 지으며 눈인사만 하고 지나간다. 그런 아버지를 불러세워 말하기가 교사 역시 쑥스럽다. 그러나 교장과 교감 선생님에게 불려가서 학급에서 일어나는 준용과 관련된 일을 들을 때는 자신이 무능한 교사라는 생각이 든다. 또한 학교 관리자가 아닌 준용의 부모와 상의할 일에 관리자가 지나치게 간섭한다는 생각도 들어 학교 관리자에게 자신의 의견을 말하고 싶지만 용기가 나지 않는다.

교사의 대처 방법 분석

잘한 점

- 아이의 미래를 위해 바르지 못한 행동을 올바르게 고쳐 주고 싶은 마음을 갖고 있다.
- 아이의 학교에서 있었던 일들을 가정에 알림으로써 부모님이 심각성을 인식하게 하려고 노력하였다.

개선할 점

- 좀 더 적극적으로 아이의 부모에게 학교에서 본 아이의 행동에 대해 말하고 학교와 가정

이 연계하여 아이의 행동을 고쳐나갈 필요가 있다.

- 아이의 아버지에게 아이의 교육과 관련하여 이야기할 것이 있으면 담임교사인 자신에게 직접 말해 달라고 요청한다. 그러면서 교장, 교감 선생님에게 담임교사의 교육권을 존중해 달라고 정중하게 요청한다.

상담적 접근

일반적으로 할 수 있는 관심과 배려

- 담임교사는 아이가 고쳐야 할 점에 대해 좀 더 적극적인 자세를 취하여야 한다. 아버지가 부담스러우면 어머니라도 학교에 오게 하거나 전화 통화 등을 통해 아이가 학교에서 하는 옳지 못한 행동을 설명하고, 이러한 점을 고치기 위해 학교와 가정이 함께 노력해야 함을 분명히 인식시키야 한다.
- 학교 관리자가 한 아이의 입장에서만 이야기하는 것은 현명한 태도는 아니다. 학교 관리자가 아이의 문제에 대해 담임교사에게 이야기하는 경우가 잦으면 담임교사는 자신이 부모님과 함께 상의해야 할 사안이며 자신의 노력이 부족하거나 해결책을 모를 경우 교장이나 교감에게 도움을 요

청하겠다고 분명하게 선을 긋는다.

구체적인 전략

학생의 문제행동을 인식시켜 준다

학교와 가정에서의 행동이 전혀 다른 아이지만 학부모가 자녀의 행동문제에 대한 심각성을 제대로 인지 못하는 경우 담임교사의 휴대전화를 이용하여 아이의 문제행동에 대한 동영상이나 사진을 찍어 보여 줄 수 있다. 그러나 이 방법은 아이의 문제행동을 지적하는 것이 목적이 아니라 학부모에게 자녀의 문제행동에 대한 심각성을 인식시켜 주고 학교와 가정에서 함께 올바른 방향으로 지도하기 위한 하나의 수단임을 잊지 말아야 한다.

상담기록부를 활용한다

상담기록부는 학급에 중대한 사건이 생길 경우 교사가 아이들에게 나름대로 충실한 교육을 했음을 알릴 수 있는 자료가 된다. 따라서 담임교사는 학급 교육과정에 누철하거나 교육 수첩에 작성할 수도 있고 매일 방과 후 시간에 교실의 컴퓨터로 작성하여 파일을 저장해 놓을 수도 있다. 또는 주간학습 안내를 작성하여 관리자의 결재를 사전에 받는 경우 상담기록부도 함께 제출하여 관리자도 함께 볼 수 있게 할 수도 있다. 다음은 담임교사가 사용할 수 있는 상담 기록부의 양식 예다.

[상담기록부 예시]

[학급상담기록]

- 3월 16일(월)
- 김○○: 미인가 유학 결석 첫 날
  - 앞으로의 처리: 결석 1주일 후 가정에 출석 독촉하기
    결석 2주일 후 가정에 출석 독촉하기
    읍사무소에 출석 독촉 의뢰하기
  - 결석 90일(일요일 포함)이 되는 6월 18일 이후 날짜인 6월 19일 정원 외 관리 ➡ 교무샘 담당
- 유○○: 아침에 그림일기, 책읽기(아하, 보리였구나 6쪽) 검사함. 오후 받아쓰기함. 스티커판 만들어 줌
- 김○○: 쉬는 시간에 팽이를 돌리고 있는데 소정이가 확 빼앗었음. 그래서 어깨를 주먹으로 한 대 때림. 사과하라고 함.
  ➡ ○○가 소정 어깨에 손을 대며 '미안해', 소정이 ○○이 쳐다보며 고개 끄덕임.

[상담기록부 예시]

[학급상담기록]

제2학년 1반 담임교사: ○○○

날 짜	일어난 일	해결 방법
5월 ○일	• 채연: 아침에 등교하여 수업하였으나, 어머니께서 오셔서 아무래도 어제 일(앞니 다친 것)로 ○○ 병원에 가봐야 할 것 같다고 하시며 데려감. 채연은 아무렇지도 않은 듯, 심각성을 모르는 듯	• 채연과 관련하여 '영구치의 중요성' '치아 관리' '복도에서 뛰지 않기' 등등을 이야기함. 형진은 자기 할아버지께서도 일하시다 무릎을 다치셔서 지금 재활치료를 받고 있으시다고 말함. 절대로 골마루에서 뛰면 안 되고, 교실에서도 소리를 지르거나 뛰면 안 된다고 말함. 사고가 날 것을 예상하는 사람은 아무도 없다고 1~4교시 시작 시 계속 강조함. 애들이 알아들으려나.

학급에서 일어난 일에 대해 학부모에게 알리기

학급에서 일어난 학생의 행동에 대해 학부모에게 휴대전화로 문자를 보내면 자녀의 학교생활을 이해하는 데 도움이 될 수 있다. 사소한 일이지만 학부모가 알고 있으면 좋은 일, 학생의 문제행동, 칭찬받을 일 등을 메시지를 통해 학부모와 자주 주고 받으면 학부모는 담임교사를 이해할 수 있고 담임교사 또한 학부모와 학생의 입장을 조금 더 자세히 이해할 수 있는 기회가 된다.

휴대전화 메시지는 휴대전화로 직접 보낼 수도 있으나 인터넷을 사용할 수도 있다. 유료 문자의 경우 학기 초에 일괄 학교에서 지원해 주는 경우가 있으며 그렇지 못할 경우 무료문자를 사용하면 편리하다.

자녀의 학습에 너무 무관심한 학부모

no.1 저나 애 아빠도 아이의 공부는 포기한 상태입니다

no.2 선생님 성격이 아주 까칠하대요

숙제와 공부에 관심 없다고 잠재력이 있는 자녀의 학력에 너무 무관심한 경우

아이가 공부에 관심이 없고 맞아도 숙제를 하지 않는다고 아이의 숙제나 공부는 포기를 하고 학교에서 문제를 일으키지 않는 것만을 다행으로 여기는 경우다.

지식이는 숙제를 전혀 하지 않고 성적은 매우 부진하지만 학습과 관련이 없거나 상식에 대한 질문에는 어려운 어휘나 정확한 단어를 곧잘 구사하는 영리하고 매우 착한 6학년 남자아이다. 지식이의 엄마는 자기 아이의 학습과 숙제 태도에 관심을 보이는 담임교사에게 아이의 학습을 포기했다면서 교사가 보이는 관심을 귀찮아 한다.

교사의 대처

교사가 전화한 것에 대한 엄마의 반응이 궁금해서 지식이에게 물어본 결과 전혀 예상치 못한 반응을 들었다. 아이가 숙제를 잘하도록 부탁한다는 담임교사의 말에 아이 엄마는 선생님이 까칠하다고 말했다고 한다. 보통 엄마들은 그런 전화에 자기 아이에게 특별히 신경 써 주는 선생님이라고 고마워하면서 선생님 참 잘 만났다는 반응을 보이는 데 지식이 엄마는 그게 아니었다. 그러고 보니 자기에게 신경 써 주는 담임에 대한 아이의 반응도 무심해 보이는 것이 서운하기 그지없었다. 그렇다고 그들을 미워하며 담임이 할 일을 포기할 수는 없었다. 전화를 한 효력이 있어서인지 엉터리이기는 하지만 잠시 동안은 아이가 흉내를 내기도 했다. 하지만 문제를 제대로 쓰지 않고 답이 부실한 것은 기본이었으며 일요일, 특히 노는 토요일이 있는 날이면 숙제 양이 적음에도 전혀 해 오지 않았다. 참으로 한심하고 속 터지는 일이 아닐 수 없었다.

그런데 숙제를 해 오지도 않고 대부분의 과목에서 부진함을 보였지만 아이가 수업시간에 보여 주는 능력은 달랐다. 상식 부분에서는 아주 세련되고 정확한 어휘를 구사하는가 하면 낱말의 뜻을 질문하면 급우들에 비해 정확하게 발표하였다. 쉬는 시간의 행동을 관찰한 결과 자신감이 떨어지기는 해도 책을 많이 읽었는지 아는 것도 많아 보였다.

담임교사는 아이가 우수한 능력이 있다고 판단하고 수업시간에 발표를 많이 시켰으며 발표 때마다 영리하고 똑똑하다는 점에 포인트를 두어 칭찬을 하였다. 그리고 그동안 관찰한 아이의 모습을 부모에게 전화로 알리니 그런 모습이 의외라는 반응이었다. 이튿날 아이에게 물어본 엄마의 반응은 교사에게 또 다시 절망감을 안겨 주었다. '너의 선생님 왜 자꾸 전화하는지 정말 귀찮아 죽겠다.'였다. 자기 아이의 장점을 찾아 공부에 신경 쓰게 하려는 교사의 의도를 너무 몰라 주어 섭섭하기 이를 데 없었다. 이번엔 방향을 바꾸어 아이의 알림장에 아이가 그날그날 수업하면서 보여 준 엄마가 모르는 장점을 찾아 적어 주면서 집에 가서 엄마가 쉽게 볼 수 있는 곳에 두었다가 엄마가 본 것 같으면 모르는 척하고 학교에 가져오게만 하였다. 엄마의 반응은 일체 묻지 않았다. 그렇게 한 달 여가 지난 5월 초 운동회가 열린 날 엄마가 찾아왔기에 엄마가 잘못 인식하고 있는 담임에 대한 편견을 떨쳐 내려고 일부러 다정다감한 태도로 아이의 장점과 잠재력, 가능성 등을 이야기하니 엄마는 알림장을 본 이야기를 하면서 교사의 관심에 고마움을 표현했다. 엄마의 표정에서 교사에 대한 편견이 사라지는 것을 느꼈고 엄마는 아이의 숙제에 관심을 더 보이겠다고 했다. 지금까지는 그저 공부 못하고 지독하게 안 하는 아이니까 그냥 그렇게 살도록 내버려 두고 포기한 상태였는데 희망이 보인다면서 돌아갔다. 담임은 흐뭇한 미소를 보이며 도움을 주겠다고 약속했다.

교사의 대처 방법 분석

잘한 점

- 아이에게 관심을 보이는 교사의 태도에 부정적인 반응을 보이는 부모인데도 아이와 부모를 미워하지 않았다.
- 아이에 대한 끈질긴 관심과 노력으로 부모가 아이의 학습에 관심을 갖도록 하였다.
- 부모가 알지 못하는 아이의 장점을 찾아내어 부모에게 간접적으로 알림으로써 아이에게 자신감을 불어 넣어 줌은 물론 아이를 다른 시각으로 바라보게 하였다.
- 부모가 아이에게 보이는 관심에 대해 도움을 준다고 약속하였다.

개선할 점

- 교사는 부모에게 교사가 사심 없이 아이를 위하여 애쓰고 있음을 알릴 필요가 있다.
- 부모가 아이의 학습 상황에 관심을 가지도록 하여야 한다.

상담적 접근

일반적으로 할 수 있는 관심과 배려

✕ 교사가 부모에게 사심을 가지고 전화하는 것이 아님을 깨닫게 할 필요가 있다. 부모 중 일부는 담임교사의 전화를 순수하게 받아들이지 못하고 의도가 있다고 여기기도 한다. 교사가 아이를 위해서 사심 없이 전화하는 것임을 알리는 방법은 부모가 담임교사에게 관심을 보이거나 사례를 하지 않아도 교사는 언제나 아이들에게 관심을 가지고 지도하고 있음을 보이면 된다.

✕ 엄마가 교사와 쉽게 상담할 수 있는 분위기를 조성하여야 한다. 이 사례는 숙제를 하지 않는 아이에게 부모가 여러 가지 방법을 취했으나 습관이 된 아이의 태도가 변하지 않아서 학습에 관한 관심을 포기한 경우다. 하지만 교사가 아이에게 많은 관심을 보이자 부모도 신경을 쓰기 시작했다는 것은 엄마가 교사의 지도에 응할 준비가 되어 있다는 뜻이다. 그러므로 엄마가 상담을 요구하면, 아니 오히려 교사가 먼저 상담을 요청하는 방법으로라도 아이의 태도를 바로잡을 수 있도록 도움을 주어야 한다. 교사는 언제라도 아이들의 교육을 위해서라면 상담할 준비가 되어 있음을 알린다.

✕ 교사는 부모가 아이의 숙제 지도를 어떻게 했는지 알아볼 필요가 있다.

아이의 특성에 맞게 지도한 부분이 있으면 그대로 지속시켜도 되겠으나 6학년이 된 지금에도 숙제에 관심이 없는 것으로 보아 부모가 취한 방법에 문제가 있다고 여겨진다. 그러므로 엄마가 아이의 숙제를 바르게 지도할 수 있도록 적극적으로 도와준다.

✡ 아이가 숙제를 하지 않는 원인을 알아내어 교사와 상의하도록 한다. 아이들이 숙제를 하지 않는 원인은 게을러서, 숙제의 내용을 몰라서, 숙제거리를 학교에서 가져오지 않아서, 알림장을 쓰지 않아서, 집안에 부모님이 계시지 않아서, 놀거나 텔레비전을 보다가 시간관리가 되지 않아서, 담임교사가 숙제검사를 하지 않아서, 숙제할 가정환경이 마련되지 않아서 등 많은 원인이 있을 수 있다. 따라서 원인에 알맞은 숙제지도 방법을 교사와 상담하도록 한다.

✡ 아이가 공부에 관심을 가지도록 한다. 아이의 장래 희망 사항을 알아본다. 아이는 지금까지는 학습이나 숙제에 관심이 없었기 때문에 성적이 부진하여 희망을 제대로 이야기하지 못할 가능성이 크다. 그렇다면 왜 희망을 말하지 못하는지 질문한다. 영리하고 생각이 있는 아이이므로 공부를 못하기 때문이라고 답할 가능성이 크다. 그렇다면 하고 싶은 일을 하기 위해서 제일 먼저 할 일이 무엇인지 스스로 깨닫게 하여 학습에 관심을 갖도록 한다.

✡ 수업시간에 아이의 장점을 칭찬하자 아이는 차츰 학습에 열의를 보였고

성적이 향상되는 것이 눈에 띄었다. 그러므로 교사는 아이의 장점을 찾아내어 부모에게 알리고 아이가 하고자 하기만 하면 성공할 수 있다는 자신감을 준다. 또한 학교에서 보이는 학습 성취도 향상에 관한 내용들을 알림장에 써 주고 부모에게 보여 드리도록 한다.

구체적인 전략

아이는 그동안 부모에게 많이 맞으면서도 숙제를 거의 하지 않았는데 그 원인에는 귀찮고, 부모님 모두 직장에 가시고, 귀찮은 숙제를 하느니 차라리 선생님께 벌을 받는 게 편하고, 숙제를 해도 선생님께서 꾸중을 하지 않으셔서 등등 온갖 것이 다 들어 있었다. 설상가상으로 부모는 아이가 숙제할 수 있도록 돕는 방법을 전혀 몰랐고 알려고도 하지 않았다. 그나마 다행인 것은 이전 담임교사들이 숙제를 내고도 검사를 하지 않았다든가 자기 아이에게 관심이 없었다는 등 교사에게 책임을 전가시키는 이야기는 나오지 않았다는 점이다. 교사는 아이를 담임한 이상 책임을 지고 아이를 돌봐야 할 의무가 있다. 따라서 부모로 하여금 아이에게 숙제의 중요성을 인식시키고 숙제를 잘하도록 돕는 방법을 알려 주어야 한다. 많은 학부모가 아이가 공부도 잘하고 잘 성장하기를 바라면서도 적극적으로 개입하지 않는 이유가 이 사례처럼 방법을 몰라서 그럴 수도 있다.

부모 역할의 중요성을 인식하게 한다

[아이가 부모의 의견을 따르지 않는다고 포기하는 것은 부모의 의무를 저버리는 일임을 알게 해야 한다]

아이가 전혀 숙제를 하지 않고 부모의 말을 듣지 않는다고 해서 부모가 아이를 포기하는 것은 있을 수 없는 일이다. 아이의 학습 능력이 현저히 떨어지는 경우라도 포기를 해서는 안 되는 데 하물며 영리하고 똘똘한 아이라면 말할 필요도 없다. 그러므로 아이에게 어울리는 방법을 찾아내어 아이의 학습을 돕는 것이 부모의 책임이고 도리다. 아이가 공부하기 싫어한다고 부모는 그냥 내버려 두고, 부모가 신경 쓰지 않는다고 아이는 그냥 놀기만 해서는 아이의 장래가 심히 걱정된다. 따라서 부모를 설득하여 아이를 가르치는 교육에 부모의 역할이 매우 크다는 사실을 인식시키고 태도를 바꾸게 돕는다.

[시간 투자의 중요성을 인식시킨다]

시간을 들이지 않으면 아이에게 좋은 교육을 할 수 없음을 강조하여 시간 투자의 중요성을 인식시킨다. 그리하여 부모로 하여금 의도적으로 학습을 돕거나 자녀교육에 적극적으로 개입할 시간을 많이 내게 한다.

[아이의 생활 태도를 안일하게 바라보지 말아야 한다]

초등학교 때는 공부하지 않아도 나중에 아이가 공부의 중요성을 깨달으면 그때 하겠지라는 안일한 생각을 해서는 안 된다. 아이는 6학년에서 알고 있어야 할 기초 학력이 제대로 잡혀 있지 않다. 이렇게 전 과목에서 부진을 보이면 나중에 중학생이 되어 공부를 하고 싶은 마음이 생긴다고 해도 다른 아이들을 좀처럼 따라잡기 어렵다. 시기에 따라 공부할 내용이 다르다는 사실, 그리고 때에 맞춰 아이의 공부를 도울 사람은 부모라는 사실을 분명하게 알린다.

[아이를 바라보는 부모의 시각을 바꾸도록 돕는다]

부모는 아이가 공부하기 싫어하고 숙제를 전혀 하지 않는 상태라서 자기 자녀를 공부하기는 아예 틀린 아이로 보고 있었다. 하지만 담임교사의 적극적인 태도로 인해 아이의 능력을 새롭게 지각할 수 있었다. 이처럼 교사는 부모가 아이를 새롭게 바라볼 수 있게 도움을 줄 필요가 있다. 아이와 가족이 함께하는 시간을 갖게 하고, 부모로 하여금 아이의 말과 행동을 다른 각도에서 관찰하게 함으로써 아이에게서 새로운 가능성을 보게 하는 것이다. 아이를 바라보는 부모의 시각이 달라질 때 아이의 행동 역시 크게 달라진다.

숙제를 돕는 엄마 아빠의 태도에 변화가 일어나도록 한다

[엄마 아빠가 숙제에 대해 같은 태도를 보여야 한다]

부모가 가지고 있는 숙제에 대한 태도, 즉 엄마는 숙제를 반드시 해야 한다 하고 아빠는 '그까짓 숙제 안 해도 어른이 되면 다 잘 먹고 잘 살아, 하기 싫으면 하지 마. 그냥 선생님께 혼나고 말아.' 라는 식으로 의견이 달라서 아이가 숙제를 해야 할지 말아야 할지 갈등 상태에 빠지게 해서는 안 된다.

[아이의 학교생활에 관심을 가지도록 한다]

아이의 학교생활에 부모가 좀 더 적극적인 관심을 보였다면 아이의 착하고 순진한 특성으로 보아 이 정도에 이르지는 않았을 것으로 보인다. 바쁘더라도 학부모총회, 운동회, 수업공개의 날 등에 참석하여 아이의 수업 태도를 살펴보며 담임교사와 여러 가지 상담을 했다면 아이는 훨씬 우수한 성적을 보일 수 있었을 것이다. 그뿐 아니라 아이가 학교에서 돌아오면 수업시간에 있었던 일, 친구들과의 관계, 재미있었던 일에 관하여 반드시 질문을 하고 하루를 보낸 소감 등을 질문한다. 특히 숙제를 하지 않던 아이이므로 아이가 집에서 해간 숙제에 대해서 담임교사가 어떤 반응을 보였는지 질문하고, 만일 교사가 아무런 반응도 하지 않았다면 교사에게 아이의 숙제에 대해 관심을 가져달라고 부탁한다.

[아이가 등교하기 전에 학교에 가져갈 것 들을 꼼꼼하게 챙겼는지 확인한다]

숙제를 하지 않는 아이라고 아침에 숙제만 챙기지 말고 몸은 깨끗이 씻었는지, 옷은 바르게 입었는지, 준비물은 모두 챙겼는지, 숙제한 것은 가방에 넣었는지 등을 꼼꼼히 점검해서 등교시키도록 한다. 이렇게 하면 아이는 자기 할 일에 책임감을 느껴서 점차 숙제도 알아서 잘하는 습관을 들이게 될 것이다.

[숙제를 하는 습관이 들 때까지는 숙제를 하는 행동에만 집중한다]

아이는 숙제를 하긴 해도 글씨조차 알아보기 어려울 정도로 흉내에 그치고 있었다. 이런 아이에게 숙제의 양과 질을 문제삼으면 오히려 역효과를 낼 수 있다. 그러므로 처음에는 숙제를 하는 것 자체에 의미를 두고 숙제를 했다는 사실만으로도 칭찬을 하게 한다. 그리고 글씨를 바르게 쓰는 등 숙제를 하는 행동에서 좋은 점이 발견되면 그때그때 칭찬과 강화물로 보상을 하게 한다. 물론 이 문제에 대해서도 담임교사와 미리 상의해 두는 것이 좋다.

아이가 스스로 숙제를 하려는 마음가짐을 가지도록 돕게 한다

[숙제의 중요성을 아이와 함께 찾아보도록 한다]

숙제를 안 하던 아이이고 학습부진을 보이는 상황이기 때문에 숙제의 중요성은 비교적 쉽게 찾아낼 수 있을 것이다. 아이가 대답을 모르면 가르쳐 주어도 좋다. 여러 가지 숙제의 중요성 중에서 특히 아이에게 강조할 몇 가지를 알아보자.

- 숙제는 성적을 향상시키는 데 아주 중요한 작업이고 공부는 장래의 희망을 이룰 수 있는 중요한 작업이라서 지금하지 않으면 나중에 후회하게 된다.
- 공부를 향상시키는 등 우리에게 많은 도움을 주므로 해야 한다.
- 숙제를 하면 자기의 실력이 향상되어 자신감이 생긴다.
- 자신의 실력이 어느 정도인지 테스트하기 위해 해야 한다.

- 숙제하는 습관은 책임감도 길러 주므로 어른이 되어 사회생활을 하는 데도 도움을 준다.
- 수업시간에 집중을 안 했더라도 숙제를 하면서 내용을 이해할 수 있으므로 공부에 큰 도움이 된다.
- 조금이라도 공부에 더 많은 보탬이 되기 위해서 해야 한다.
- 꾸준히 숙제하는 버릇을 들이다보면, 자연적으로 공부도 꾸준히 하게 되기 때문에 성적이 향상되므로 해야 한다 등

[숙제를 하니 어떤 점이 좋은지 알아본다]

숙제를 하지 않던 아이가 숙제를 착실하게 하게 되면 생각하고 느끼는 것이 남다를 것이다. 아이의 숙제에 대해서 교사가 보이는 반응에 대한 생각이나 느낌, 숙제를 해 오지 않는 아이들이 벌을 받고 있을 때의 느낌, 수업시간의 느낌 등을 물어보면 숙제에 대한 생각이 예전과 달라졌음을 부모나 아이 스스로 느낄 것이다. 숙제에 대해서 긍정적인 생각을 보이면 칭찬을 아끼지 않는다.

학교에 지나치게 자주 찾아오는 학부모

no.1 선생님 교실 청소랑 환경정리는 걱정마세요

no.2 선생님 우리 준호 자리 좀 바꿔 주세요

no.3 선생님은 준호편만 들어주시잖아요

학교에 지나치게 자주 찾아오는 경우

아이의 등교 및 하교뿐 아니라 학교에 거의 날마다 찾아와서 담임교사와 학급의 아이들 모두에게 부담을 주는 경우다.

준호는 3학년 남자아이로 학급의 반장이다. 하지만 평소 하는 행동은 다소 산만하고 공격성이 있어 주의력결핍 및 과잉행동장애가 의심될 정도다. 준호의 엄마는 날마다 학교에 오다시피 하면서 등교 및 하교를 시켜 주고 학급 아이들에게 자주 간식을 사줄 뿐 아니라 학급에도 자주 와서 청소 및 담임교사의 일에 자주 참견을 한다. 학급 아이들은 준호를 따르는 편이며, 일짱처럼 여겨 준호의 과격한 행동도 다소 참아 주는 편이다.

교사의 대처

준호 어머니가 학급 일에 적극적으로 나서면서 날마다 아이를 등하교시키고 학교에 지나치게 자주 오다 보니 학급 일을 잘 아는 것이 지나쳐 세세한 것까지 참견할 뿐 아니라 본인의 주관을 담임교사에게 강요할 때도 있어 담임교사는 어떻게 해야 할지 난처해하고 있다. 아이까지 엄마의 기세를 타고 친구들 사이에서 우위관계를 유지하려고 들어 문제다.

교사의 대처 방법 분석

잘한 점

- 학급 아이들과 갈등이 일어나면 아이의 편을 들지 않고 객관적인 상황을 알아보려고 하였다.
- 아이 엄마가 학급에 있다 해도 아이가 잘못한 것은 따끔하게 혼내려고 하였다.
- 아이 엄마의 말을 전적으로 들어주지 않고 중립적인 태도를 취하였다.

개선할 점

- 아이 엄마와 상담을 하여 지켜야 할 선을 분명하게 제시할 필요가 있다.
- 아이가 엄마에게서 독립하여 자기 스스로 학교 일을 해결해 나갈 수 있는 독립심을 길러 준다.
- 학급 내에서 모두가 지켜야 하는 예외 없는 규칙에 대하여 함께 의논할 필요가 있다.

상담적 접근

일반적으로 할 수 있는 관심과 배려

- 학부모의 관심을 유도하기 위하여 아이들의 학급생활을 구체적으로 알림장에 적어 준다(문제행동 및 칭찬행동). 특히 학생이 학급에서 문제행동을 보이는 경우에는 아이의 알림장에 자세하게 문제행동의 내용을 적어 보낸다.
- 아이의 행동에 대한 요록을 확실하고 꼼꼼하게 정리한다(성적, 수업 태도,

과제 수행, 수업 준비도, 학교생활, 좌석표 등). 이 요록은 비교적 객관적으로 아이의 학교생활을 학부모에게 알리는 자료가 될 수 있으며 필요할 때 증거 및 설명 자료로 활용할 수도 있다.

- 아이들이 돌아가며 쓰는 학급일지를 만든다(아이들 눈으로 보는 학급의 일, 오늘의 사건, 으뜸이, 모범이, 노력이 등). 교사가 학급에서 일어나는 일을 모두 알 수 없으며 교사의 기록은 다소 주관적이라는 오해가 있을 수 있으므로 이를 보충하는 자료로 활용할 수 있다.
- 학급의 사소한 규칙도 아이들과 함께 만든다(짝 바꾸기, 자리 배치, 일인일역 등). 이렇게 하면 학급 일이나 교사에 대한 아이들의 불만을 줄일 수 있다.
- 한 달에 한 번씩 학급신문을 제작하여 가정에서 부모가 볼 수 있도록 한다. 이 활동은 학부모의 관심을 유도하고 학급경영의 투명성을 통해 학부모들로부터 신뢰를 얻을 수 있는 좋은 계기가 될 수 있다.

구체적인 전략

역경기법 활용

이 경우 준호 어머니는 담임교사가 학교에 오는 것을 말린다고 해서 학교에 오는 행동을 멈추지 않을 뿐 아니라 학급 일에 대한 간섭을 못하게 하면 담임교사에게 반감만 더 크게 가질 수 있다. 그러므로 더 적극적인 학급생활에 참여를 유도하여 담임교사의 일을 돕게 하는 것이 좋다. 일종의 역경기법으로서 교사의 어려운 점을 몸소 체험함으로써 교사를 이해하게 하는 방법이다.

준호의 경우도 마찬가지다. 준호의 행동을 지적하고 야단을 치기보다 학급의 임원으로 임명하고 다른 아이들의 모범이 되게 하거나 다른 아이들을 선도하는 역할을 하게 하면 준호의 문제행동이 고쳐질 수 있다. 만약 학급임원이 힘들다면 하다못해 우유당번이나 청소반장 등 책임감 있는 역할을 주는 것도 좋다. 어머니에게 제시할 수 있는 역할 몇 가지만 예를 들면보면 다음과 같다.

- 학급 후원자: 학급에서 어렵고 힘든 아이들의 후원 역할을 준호 어머니에게 맡긴다. 이렇게 하면 준호 어머니는 준호에게만 관심을 갖는 것이 아니라 후원을 하는 아이들에게도 관심을 갖게 되어 준호의 친구관계에도 도움을 주고 학급의 소외된 아이들도 보살필 수 있어서 1석 2조의 효과를 얻을 수 있다.
- 학급 상담자: 학급에 말썽꾸러기 아이들의 개별상담이나 학급 내에서 일어난 다툼 등에 준호 어머니가 상담을 하게끔 하여 또래 아이들의 문제를 이해하고 담임교사의 고충을 이해하도록 한다.
- 학습 도우미: 학습부진 학생들의 학습을 직접 도울 수 있다면 더욱 좋지만 그게 아니라도 학급의 학습지 채점이나 숙제 검사해 주기 등을 돕게 하는 것도 좋다.

내가 한 만큼 돌려받고 싶은 학부모

no.1 학부모와 면담시간 (1)

no. 2 현장학습활동 시간

no.3 학부모와 면담시간 (2)

아이에게 특혜를 주기 바라는 경우

학교 운영위원과 학부모회 임원으로 여러 가지 학교행사에 적극적으로 참여하지만 선생님이나 어머니들로부터 인식이 좋지 않다. 매사 자기가 한 만큼 학교로부터 돌려받고 싶어 하고 자신의 아이에게 특혜를 주기를 바라며 선생님들이 인정해 주길 원하는 경우다.

성웅이 어머니는 아이가 초등학교 1학년에 입학하면서부터 학교운영위원과 학부모회 위원 등을 맡아 왔으며 학교행사에 적극적으로 참여한다. 선생님과 친밀한 관계를 유지하려고 하고 있지만 자기 주장이 강하여 교사나 학부모들이 꺼리는 편이다. 학교에 협조적인 만큼 장난이 심하고 주의집중력이 낮은 자기의 아이에게 특별한 대우를 해 주며 호의적이길 바란다.

교사의 대처

학교일에 적극적으로 나서기를 좋아하는 성웅이 엄마는 이따금 무리한 요구를 해와 교사를 당황스럽게 만든다. 한 번은 성웅이가 병원에 입원하여 학교에 결석하게 되자 체험학습으로 해 달라고 강력하게 요구하였다. 교사는 교외 체험학습은 학교장의 승인으로 실시되고 있으며 아파서 결석하는 경우 '해당 없음'을 분명히 알려 주었다. 병으로 인한 장기 결석자에 대해 병원 학교가 만성

질병으로 3개월 이상 병원에 입원이나 통원 치료를 하는 학생을 대상으로 운영되고 있지만 이 경우 삼일에 불과해 해당되지 않음을 알렸다.

또 한번은 친구와 실랑이를 하다가 성웅이가 다친적이 있다. 성웅이가 코피를 흘리는 것 말고는 별다른 외상이 없었으므로 교사는 지혈과 소독을 해 주었다. 그러나 성웅이 엄마는 아이가 크게 다쳤는데도 교장, 교감 선생님이 들여다보지도 않는다고 불평을 늘어놓았다. 아이 상태가 좋지 않을지 모르는 상황에 대비해 부모에게 알려 바로 병원에 데려가 볼 것을 요청하였다. 병원에서 검사를 해 보니 아이의 코뼈가 내려앉아 이를 치료하였다. 교사는 아이가 치료받는 동안 계속 부모와 연락하여 아이의 상태에 대하여 확인하고 아이의 학습에 대해서도 관심을 가져 주었다. 학부모의 의중을 파악한 교사는 학교에 연락하여 성웅이에게 관심을 가져 줄 것을 요청하였다. 학교에서는 보건교사를 보내 성웅이가 수술할 때 부모와 함께 있도록 배려하였다. 교사는 수시로 아이의 상태를 확인하고 아이가 완쾌될 때까지 최선을 다하여 보살펴 주었다.

교사의 대처 방법 분석

잘한 점

- 교외 체험학습과 관련된 아이 출석 문제에 대해 자세히 설명해 주었다.
- 아이가 완쾌될 때까지 최선을 다하였다.
- 아이의 학습에도 관심을 가져 주었다.
- 학부모 면담을 통해 문제점이 무엇인지 파악하여 해결하고자 하였다.
- 학부모의 생각을 수용하고 배려해 주었다.

개선할 점

- 문제의 핵심에 접근하는 보다 구체적인 전략이 필요하다.
- 학부모에 대한 교사의 적극적인 대화와 설득 능력이 필요하다.
- 학부모가 무엇을 원하는지 정확히 파악한다.
- 결석으로 인한 학습결손에 대해 관심을 갖고 추후 지도해 나간다.
- 문제 발생 시 교사는 학부모와 학교에 미리 알려 함께 고민한다.

상담적 접근

일반적으로 할 수 있는 관심과 배려

이 경우 교사는 학부모의 생각을 정확히 알아내는 것이 중요하다. 학부모가 학교교칙을 어겨야 하는 지나친 요구를 해 올 경우 교사는 명확하게 선을 그을 필요가 있다. 하지만 학부모가 말도 안 되는 억지소리를 하는 경우일지라도 교사는 학부모의 입장을 충분히 고려해야 한다. 교사는 가능한 학부모의 입장에서 생각해 보고 공감해 주고 수용해 준다. 학부모가 무엇을, 어떻게, 왜, 요구하는지 정확히 파악하고 이에 적절하게 대처하는 것도 중요하다. 아울러 아이에 대한 학부모의 지나친 사랑은 결코 도움이 되지 않음을 알려야 하며 교사의 실수나 잘못이 있을 때는 인정하고 사과한다.

아이가 많이 다쳤을 때는 보건교사의 신속한 응급조치를 받게 하며 학교와 학부모에게 알리고 병원에서 바로 진료를 받을 수 있도록 한다. 학습결손이 있는 경우 추후지도를 통해 학교생활에 지장이 없도록 한다.

구체적인 전략

교사 감정다루기를 통한 대화 전략

학부모와의 면담 중 감정이 상했을 때, 교사 스스로 감정을 다루면서 대화를 통해 최선의 결과를 이끌어 낸다.

[감정과 행동의 경로에 대해 이해한다]

보고 듣는다. (문제 상황)	스스로에게 말한다. (내면의 소리)	감정이 형성된다.	행동으로 옮긴다.
예) 학부모가 찾아와서 교사에게 감정을 쏟아낸다.	예) 학부모가 날 뭘로 보고 이러는 거지?	예) 무시당하고 있다. 화가 많이 난다.	예) 학부모처럼 똑같이 감정을 쏟아낸다.

[행동 경로 중 내면의 소리를 통제하여 조절한다]

대화를 통해 바람직한 결과를 원한다면 내면의 소리를 통제할 수 있어야 한다.

[행동 경로를 되짚어 보고 말한다]

현재의 행동 살피기	현재 감정 상태 살피기	내면의 소리 분석하기	사실을 있는 그대로 보기
행동으로 옮긴다. -입을 다물고 있는가? 격렬한 감정 속에 있는가?	감정이 형성된다. -지금 나의 행동을 이끌고 있는 감정은 무엇인가?	스스로에게 말한다. -나에게 무슨 말을 했길래 이렇게 흥분하는 걸까?	보고 듣는다. -내가 보고 들은 내면의 소리가 객관적인가?

[변명을 유용한 말로 바꾼다]

- 자신이 피해자가 아닌 원인 제공자로 생각한다.
- 상대방을 나쁜 사람이 아닌 평범한 학부모로 본다.
- 다양한 가능성을 지닌 상황으로 바꾸어 생각한다.
- 진정으로 내가 원하는 것이 무엇인지 되짚어 보고 학부모가 문제 해결의 실마리를 주고 있다고 생각해 본다.

학부모를 설득하는 전략

- 앞의 학부모의 경우 위로의 말을 잊지 않는다.
- 학부모의 자존심을 건드리지 않고 말한다.
- 잘못된 부분에 대해 솔직하게 인정하고 대안을 제시한다.
- 저항과 반발이 학교에 대한 불신감, 오해 등에서 오기 쉬우므로 학부모를 이해하려는 신중한 태도를 보인다.
- 교사는 학부모를 사심 없는 마음과 인내심으로 대하여 호감을 얻고 신뢰와 존경심을 잃지 않도록 한다.

참고문헌

강진령, 유형근(2004). **학교상담 프로그램 Ⅰ**. 서울: 학지사.

김경섭 역(2007). **결정적 순간의 대화**. 서울: 시아출판사.

김윤용 편집(2005). **초등학급운영 1**. 서울: 우리교육.

박경묵(2008). 경남일보 사설.

서기원(2008). **설득**. 서울: 현대미디어.

오마이 뉴스(2003). 교사-학부모 문제 있다.

월간폴라리스(2009). 특집: 학부모 상담 이렇게 하면 백전백승.

유상인 역(2008). **피노키오 엄마 헬레콥터 엄마**. 서울: 쌤앤파커스.

이정아 역(2008). **엄마의 카리스마**. 서울: 거름출판사.

충북음성교육청(2000). **실천중심 장학자료 '부모교육 지도자료'**. 수덕인쇄사

참고사이트

학부모 유형에 따른 상담 방법(cafe.naver.com/kidjob)

스트레스 관리를 위한 간편한 호흡법(http://www.sangdam.kr/encyclopedia/de/stress/stre11.htm)

저자 소개

* 김숙희

청주교육대학교 졸업

청주교육대학교 대학원 졸업(초등상담교육 전공)

전문상담교사 1급 자격증

현재 청주 산성초등학교 근무(교육 경력 21년)

* 장희화

청주교육대학교 졸업

청주교육대학교 대학원 졸업(초등상담교육 전공)

전문상담교사 1급 자격증

현재 증평 도안초등학교 근무(교육 경력 28년)

* 박성희

서울대학교 교육학과 졸업

서울대학교 대학원 졸업(교육상담학 박사)

한국행동과학연구소 책임연구원

미국 위스콘신대학교 상담학과 객원교수

캐나다 브리티시컬럼비아대학교 상담학과 객원교수

한국상담학회 수련감독사

현재 청주교육대학교 초등교육과 교수

* 저서

공감(이너북스, 2009)

담임이 이끌어가는 학급상담(2판)(학지사, 2009)

현명한 아버지가 아이의 미래를 바꾼다(가야북스, 2008)

〈마시멜로 이야기〉에 열광하는 불행한 영혼들을 위하여(이너북스, 2008)

동양상담학시리즈 11권(학지사, 2007)

황희처럼 듣고 서희처럼 말하라(이너북스, 2007)

동화로 열어가는 상담이야기(이너북스, 2007)

상담학 연구방법론(학지사, 2004)

공감학: 어제와 오늘(학지사, 2004)

상담과 상담학 시리즈 3권(학지사, 2002)

Wonderful Teachers! ⑩

선생님은 해결사_학부모 편

2010년 5월 6일 1판 1쇄 인쇄
2010년 5월 15일 1판 1쇄 발행

지은이 | 김숙희 • 장희화 • 박성희

펴낸이 | 김진환

펴낸곳 | (주) 학지사 · INNER BOOKS 이너북스

121-837 서울시 마포구 서교동 352-29 마인드월드빌딩 5층

대표전화_ 02-330-5114 팩스_ 02-324-2345

등 록 | 2006년 11월 13일 제313-2006-000238호

홈페이지 | www.innerbooks.co.kr

ISBN 978-89-92654-33-3 04370
978-89-92654-23-4 (set)

가격 11,000원

※ 이너북스는 학지사의 자매회사입니다.